彩图版

国学经典规范读本

三字经

【冯国超◎译注】

商务印书馆

二〇一九年·北京

图书在版编目(CIP)数据

三字经/冯国超译注.—北京:商务印书馆,2015(2019.10重印)
(国学经典规范读本)
ISBN 978-7-100-11084-6

Ⅰ.①三… Ⅱ.①冯… Ⅲ.①古汉语—启蒙读物
Ⅳ.①H194.1

中国版本图书馆CIP数据核字(2015)第032167号

国学经典规范读本
三 字 经
冯国超 译注

商 务 印 书 馆 出 版
(北京王府井大街36号 邮政编码100710)
商 务 印 书 馆 发 行
北京中科印刷有限公司印刷
ISBN 978-7-100-11084-6

2015年3月第1版 开本787×1092 1/16
2019年10月北京第3次印刷 印张8¼
定价:35.00元

前言

《三字经》是中国历史上影响最大的蒙学经典，作者通常被认为是宋末元初的王应麟。如清代的王相在其作于康熙五年（公元1666年）的《三字经训诂·序》中称："宋儒王伯厚（王应麟字伯厚）先生作《三字经》以课家塾（shú），言简义长，词明理晰"。国学大师章太炎先生在其《重订〈三字经〉》中也说："《三字经》者，世传王伯厚所作。"

据《宋史·王应麟传》载，王应麟是庆元府（今浙江宁波）人，宋理宗时中进士，又中博学宏辞科，官至礼部尚书兼给事中。王应麟著作颇丰，代表作有《深宁集》《玉堂类稿》《玉海》等。他还写过不少儿童启蒙读物，如《小学绀（gàn）珠》《姓氏急就篇》《蒙训》《小学讽咏》等。但《宋史》中未称王应麟著有《三字经》，故关于《三字经》的作者究竟是谁，一直存在争议。不过人们大多倾向于认同王应麟为《三字经》的作者。

《三字经》采用三个字一句的形式，对自然、社会、历史、古代经典、学习的重要性等展开全面的介绍，意思通俗易懂，读来朗朗上口，且易于记忆背诵。其中有不少句子，诸如"人之初，性本善""养不教，父之过""玉不琢，不成器""头悬梁，锥（zhuī）刺股"等等，即使没有读过《三字经》的现代人，也大多耳熟能详，由此可见《三字经》的巨大影响力。

在中国历史上，《千字文》《弟子规》《百家姓》《增广贤文》等都是影响巨大的蒙学经典，但是，与《三字经》相比，它们均要逊色一筹，主要原因是《三字经》的内容全面、系统，且简洁通俗，易于掌握。如《千字文》虽然文字优美，但意思晦涩（sè），内容不够全面；《弟子规》虽然通俗易懂，但内容集中于弟子的行为规范，不如《三字经》丰富；《百家姓》局限于对中国人姓氏的介绍，内容单调乏味；《增广贤文》着重讲述为人处世的道理，缺乏对人文历史知识的介绍；等等。

《三字经》层次分明，主旨明确，虽然作者没有对《三字经》进行分段，但是纵观《三字经》全文，我们还是可以很清晰地把它分成五个部分：

第一部分，从“人之初，性本善”至“人不学，不知义”，强调了教育和学习的重要性。文中称，如果不对孩子进行教育，他就会不知礼义，他的先天的善性就会改变。并举孟母三迁和窦燕山教五子的例子来加以说明。

第二部分，从“为人子，方少时”至“此十义，人所同”，论述了教育和学习的主要内容及学生进行学习的顺序：“首孝弟（tì），次见闻”。“孝弟”即孝顺父母、尊敬兄长，“见闻”指自然和社会方面的知识。也就是说，《三字经》主张先对儿童进行伦理道德的教育，再进行文化知识的教育。伦理道德的核心是孝悌，文化知识的内容则极其丰富，《三字经》在这里介绍了“三才”“三纲”“四时”“四方”“五行”“五常”“六谷”“六畜”“七情”“八音”“九族”“十义”等概念和内容，反映了作者深厚的知识修养和高度的概括能力。

第三部分，从“凡训蒙，须讲究”至“考世系，知终始”，介绍了中国古代的著名经典和阅读这些经典的顺序。作者列举的主要经典有四书、六经、《小学》《孝经》以及荀子、扬雄、文中子、老子、庄子的著作等。至于如何阅读这些经典，作者也为我们明确地排出了先后顺序：先读《小学》，再读四书，再读六经，再读荀子、老子、庄子等诸子之书，最后读历史著作。应该说，作者所列的古代经典都是极具代表性的，其对阅读顺序的设定也是科学的，遵循了由浅入深、循序渐进的原则。

第四部分，从“自羲农，至黄帝”至“通古今，若亲目”，概括地介绍了从传说中的伏羲、神农、黄帝至清朝灭亡长达五千年的中国历史，不仅历史上的各个重要朝代毫无遗漏，而且用极简洁的字词揭示了不同历史时期的重要特点。如称“唐有虞”“相揖（yī）逊”，反映的是尧舜禅（shàn）让的传说；如“夏传子，家天下”，指出了封建王朝的特点是把天下看作帝王一家的私产；如说“周武王，始诛纣（zhòu）”“至孝平，王莽篡”，一个“诛”字和一个“篡”字，强调了武王灭商的正义性和王莽颠覆汉朝的卑鄙无耻。

第五部分，从“口而诵，心而惟”至“戒之哉，宜勉力”，主旨是勉励学生一定要好好学习。为了说明这一主旨，作者可谓煞费苦心。首先，作者列举了大量历史上勤学的事例，如孔子虽被尊为圣贤，却仍虚心向项橐（tuó）请教；赵普贵为宰相，仍不断地阅读《论语》；公孙弘穷困潦倒，仍坚持把书抄写在竹简上来读；朱买臣以卖柴为生，却能坚持一边挑柴一边读书；孙敬头悬梁，苏秦锥刺股，都是为了使自己能集中精神学习；……既然这些人都能勤奋学习，你们这些平平安安地坐在学堂里的孩子，为什么就不能好好学习呢？其次，自然界中的不少动物，如狗、鸡、蚕、蜜蜂等，都能通过守夜、报晓、吐丝、酿蜜等为人类服务，一个人如果不学无术，就会连这些动物都比不上。再次，一个人通过学习，掌握了丰富的知识技能，就能报效国家，光宗耀祖。既然如此，我们还有什么理由不好好学习呢？

由以上介绍可以看出，《三字经》从强调学习的重要性开篇，以学习的内容、顺序为主体，最后以勉励学生要好好学习作结。因此，从这个角度看，《三字经》仿佛一篇极具说服力的劝学论文。而且，令人佩服的是，《三字经》在劝学的主旨下，把大量有关自然、社会、历史、人伦的知识贯穿其中，让人于不知不觉中，知识得以丰富，心智得以开启，境界得以提升。如此短小精悍、功能强大的优秀作品，怎能不受到人们的热捧呢？所以，《三字经》之被奉为中国古代蒙学经典之首，可谓实至名归。

当然，从今天的眼光来看，《三字经》作为一部诞生于七百多年前的作品，亦并非完美无缺。在我看来，今人在阅读《三字经》时，至少应注意以下三个方面的问题：

一是《三字经》的行文中涉及大量中国古代的伦理观念，如孝悌、仁义、中庸、三纲五常等等，其中绝大部分思想都是正确的，在当今仍有很好的指导意义，但也有一些观念是必须摒弃的，其中最具代表性的当数“忠君”的观念。如文中说：“三纲者，君臣义”，“君则敬，臣则忠”，“上致君，下泽民”，现代社会早已废除了君主，所以这些与君主相关的文字也就失去了存在的意义。

二是《三字经》宣扬性善论，如文中明确说“人之初，性本善”。性善论虽然是儒学中的主流观念，但是关于人性善恶的问题无论在历史上还是在当今，学界一直存在争论，所以不宜把“人之初，性本善”作为一种定论加以宣扬。

三是《三字经》中有一些不够确切的知识，需要加以纠正。如文中说“有《连山》，有《归藏》，有《周易》，三易详”，而事实上，迄今为止，并没有人见过《连山》和《归藏》是什么模样，因此有学者明确指出，《连山》《归藏》的说法纯属传说，于史无征。如文中称“我周公，作《周礼》”，即认为《周礼》一书由西周初年的周公所作，然而，学者们已基本认定，《周礼》属于战国时期的作品，周公作《周礼》的说法并不成立。如文中称“若梁灏（hào），八十二，对大廷，魁多士”，即认为梁灏82岁时中了状元。然而，遍查史籍，却并无梁灏82岁中状元的记载。如文中称“炎宋兴，受周禅”，即认为后周皇帝柴宗训主动把帝位传给了赵匡胤（yìn），才建立了宋朝。而事实上，后周皇帝柴宗训是被逼退位的。

《三字经》在其七百多年的流传历程中，屡经修订，其中修订最多的地方，就是关于宋朝以后历史的描述。因为作者系宋末元初时人，他只能写到南宋灭亡，即《三字经》中的“十八传，南北混”。关于此后历史的文字，不同时期的人有不同的描述，由此也产生了为数众多的《三字经》版本。即使是当今出版的诸多《三字经》读本，在内容上也并不统一，使读者们无所适从，为此伤透了脑筋。正是为了解决这种《三字经》版本混乱的状况，同时也为了更好地揭示《三字经》的内涵和现代价值，我们撰作了这本《国学经典规范读本·三字经》。概括地说，本书主要有以下几个方面的特点：

一、本书的原文以清代李光明庄精刻本《三字经训诂》（见附录二）为底本，同时参阅了清代刊行的《三字经注解备要》、民国时期刊行的《重订〈三字经〉》及当今一些较具代表性的《三字经》出版物。

二、注释简洁、准确、客观、全面。目前出版的许多古代经典注译本有一个较为明显的通病，就是注译者作注较为随意，这种随意表现在两个方面：一是哪些字词须注，哪些字词不用注，没有统一的标准，造成一些必须加注的疑难字词常常被有意无意地回避了，这必然会给读者阅读古代经典带来很大的困难；二是注释文字较为随意，注译者常常根据自己的理解来作注，而不是依据相关工具书上的解释，这就使注释文字缺乏权威性。本书则做到逢疑难必注，不回避问题，对于迄今仍存在分歧和争议的地方，坚持实事求是的原则，或明确表示存疑，或同时列举几种有代表性的观点，以提示读者此处内容并无确解。同时，注释文字一律采用《汉语大词典》《辞海》《辞源》《古代汉语词典》等权威工具书中的解释，以避免误导读者。

三、在白话翻译部分，尽量采用直译的做法，不作引申和发挥，并力求使译文精致、流畅。

四、采用了"导读＋图说"的经典解读方式。在"导读"部分，除了对原文的内容作深入的说明，揭示其实质和价值意义，还尽量列举相关的历史故事来进行剖析，以利于读者更好地理解和接受。"图说"则主要根据"导读"中所举的例子，选择历史上的相关绘画进行配图。本书在配图时，严格采取一一对应的原则：图是对"导读"文字的形象化描绘，"导读"文字则仿佛是对图的说明。从而避免了以往诸多国学经典图文本配图随意的弊病。

总之，严谨、细致、力求完美，这是我们撰作《国学经典规范读本·三字经》的指导思想；规范、权威、美观大方，则是我们追求的目标。衷心希望广大读者能在赏心悦目的阅读中，轻松把握《三字经》的内容和精髓。

冯国超

2014年8月于北京

目 录

三字經

人之初①，性②本善。
性相近③，习④相远⑤。
苟⑥不教，性乃⑦迁⑧。
教之道⑨，贵以专⑩。

【注释】

①人之初：人刚生下来的时候。②性：人天生的特质。③近：近似。④习：学习。⑤远：差别的程度大。⑥苟：假如；如果。⑦乃：于是；就。⑧迁：变更；变易。⑨道：原则；方法。⑩专：专心一意；不分心。

【译文】

人刚生下来的时候，本性是善良的。这种善良的本性每个人都十分近似，只是后天的学习才使人们变得千差万别。如果不进行正确的教育，人的善良本性就会发生改变。至于教育的方法，关键在于要求人们专心致志。

【导读】

本段主要谈论了人的本性及与之相关的问题。关于人的本性问题，中国历史上一直有性善和性恶两种有代表性的说法。性善论者认为人天生是善良的，性恶论者则认为人天生是恶的。不过，占上风的还是性善论，所以《三字经》中也采用性善的观点。那么，既然人的本性是善的，社会上为什么还会有坏人、恶人呢？性善论者指出，说人的本性是善的，这只是说人的先天禀赋是好的，至于一个人日后成为好人或坏人，则是受教育和环境影响的结果。所以《三字经》的一开头，即强调了学习和教育的重要性：正确的教育可以保持并发扬人的善良本性，使一个人成为对社会有用的人才。至于教育的方法，则是要求受教育者专心致志，持之以恒。这就像造房子一样，只有不断地往上面添砖加瓦，才能建成高楼大厦。如果三天打鱼，两天晒网，必将一事无成。

昔①孟母②，择邻处③，
子④不学，断机杼（zhù）⑤。

【注释】

①昔：从前；过去。 ②孟母：孟子的母亲。孟：指孟子，名轲（kē），战国时期邹（今山东邹县）人。他继承和发展了孔子的思想，被尊为“亚圣”。孟子的主要思想载于《孟子》一书中。 ③处：居住。 ④子：指孟子。 ⑤机杼：织布机上的转轴和梭（suō）子。

【译文】

从前孟子的母亲，找地方居住时注重选择合适的邻居，当孟子不好好学习时，她便折断织布机上的梭子来进行教育。

▲ 孟母断机教子图，清代康焘绘

【导读＋图说】

本段通过孟母教育孟子成材的故事，来说明环境和教育的重要性。关于孟母“择邻处”的故事，见于汉代刘向的《列女传·邹孟轲母》。书中说，孟母居住的地方与坟墓很近，少年孟子在与人玩耍时便模仿挖坑埋葬之类的动作。孟母认为这对孟子的成长不利，便搬了家。新家靠近一个市场，孟子在玩耍时又模仿别人做买卖的样子。孟母认为这样对孟子的影响也不好，便搬到一所学校旁边居住，于是孟子在玩耍时就模仿祭（jì）拜、行礼之类的动作。孟母认为这对孟子的成长有利，便居住了下来。根据这个故事，后来有了“孟母三迁”的成语。孟母断机杼的故事也见于《列女传·邹孟轲母》。书中说，一次，孟子不好好学习，从外面游玩回来，他的母亲正在织布，看到孟子后，便把织布机上的梭子折断了。孟子很害怕，不知道母亲为什么要这么做。母亲告诉他，君子学习的目的是要成名，学习如果不能持之以恒，就像我在织布时把梭子折断一样，是不可能完成织布之事的。因此，如果你不能悔悟，将来必成一个下贱之人。孟母的话对孟子触动很大，他从此刻苦学习，终于成为一代大儒。

窦燕山①，有义方②，
教五子，名俱③扬④。

【注释】

①窦燕山：即窦禹钧，五代时期渔阳人，因家住燕山，所以又叫窦燕山。
②义方：指家教。
③俱：都。
④扬：传播出去；称颂。

【译文】

有一个名叫窦燕山的人，有很好的教育方法，他教育自己的五个儿子，使他们一个个都名扬四海。

【导读＋图说】

本段进一步举窦燕山教育儿子使他们成名的例子，来说明教育的重要性。窦燕山以词学闻名，官至右谏（jiàn）议大夫。他的五个儿子分别为窦仪、窦俨、窦侃、窦偁（chēng）、窦僖（xī）。在窦燕山的严格教育下，他们相继科举及第，人们称之为“窦氏五龙”。俗语中所说的“五子登科”，就是据此而来的。

◀ 窦燕山教五子图，选自清代的天津杨柳青年画

养不教，父之过①。
教不严，师之惰②。

▲ 桐屋闹学图，描绘了几个学童正在戏弄失职的教师的情形。清代华喦（yán）绘

【注释】

①过：过失；过错。

②惰：懒惰，不负责任。

【译文】

只是抚养孩子而不进行教育，这是父亲的过错。对学生进行教育而不严格要求，这是老师没有尽到责任。

【导读 + 图说】

本段主要讲述了家庭教育和学校教育对于孩子成长的重要性。父母生下孩子后，除了要把他抚养成人，还要教给他生活常识、做人的基本道理、积极乐观的人生态度等；否则，如果只是让孩子吃饱穿暖，其他的事一概不管，或者教给孩子消极的甚至是错误的人生观，这就是父母的过失。孩子除了要有好的家庭教育，还需要有好的学校教育。因为与家庭教育相比，学校教育属于系统的、有程序的教育。但是，孩子进了学校，也不是万事大吉，因为学校教育也有好坏；学校教育的好坏，取决于老师的水平和责任心；而老师责任心的一个重要表现，就在于他能否对学生严格要求，所以《三字经》说“教不严，师之惰”。

子不学，非所宜①。
幼不学，老何为②。

【注释】

①宜：应该。

②何为：做什么；怎么办。

【译文】

孩子不好好学习，这是不应该的。如果小时候不好好学习，等到老了该怎么办呢？

【导读】

本段强调了孩子从小好好学习的重要性。因为一个人的知识、技能都是通过学习得来的，而社会上各种各样的行业，哪怕是最简单的行业，如种地、打鱼、养牲畜，也是需要一定的知识和技能的。一个没有知识和技能的人，只能成为社会的累赘。俗话说“少小不努力，老大徒伤悲”，说的也是这个道理。

玉不琢①，不成器②。
人不学，不知义③。

【注释】

①琢：雕刻玉石使成器物。
②器：器物。 ③义：正义，公正合宜的道理或行为。

【译文】

玉石不经过雕刻，不会成为玉器。人如果不学习，就不会知道公正合宜的道理。

【导读 + 图说】

本段进一步强调学习的重要性。文中通过玉石只有经过雕刻才能成为玉器的例子，来说明人只有通过学习，才能掌握为人处世的正确道理和方法。大家都见过博物馆或商店中陈列的各种玉器，它们造型美观，光滑润泽，令人爱不释手。可是，在它们未经雕琢的

▲ 琢玉图，描绘了古人选玉、琢玉的情形。选自明代宋应星的《天工开物》

时候,在外观上却与道旁的顽石没有多少差别。正是雕刻师们的精心设计和创造,才使它们成了一件件精美的艺术品。人也是一样,人刚生下来的时候,无知无识,除了会哭、会动、会吃东西,什么都不懂。如果不对他实施系统的教育,人与动物就没有什么两样。

据报道,1920年,在印度加尔各答东北部的一个小城,发现有两个像人的"怪物",经常跟在三只大狼后面行动,也是用四肢走路。后来人们才知道,这两个怪物就是两个人,他们从小就与狼生活在一起,不会说话,动作习性与狼几乎一样。这可以说是"人不学,不知义"的最典型的例子。

为①人子,方②少时,
亲③师友,习礼仪④。

【注释】

①为:做。 ②方:正当;正值。 ③亲:亲近;接近。 ④礼仪:礼节和仪式。

【译文】

作为子女,应该趁着年少的时候,多亲近良师益友,学习各种礼仪知识。

【导读】

前面几段强调了学习的重要性,从本段开始讲怎么学习,学习什么。人的知识有两个重要的来源,一个是老师的讲授,一个是与朋友的交流。在中国古代,一个人如果成天待在家里,大门不出,二门不迈,不与他人交往,是很难获得各种有价值的知识的。因为古代社会与现代不同,那时候既没有报纸杂志,也没有电台电视,更没有互联网,人们要获得各种知识,除了数量不多的书籍,就需要与有知识的人交往。

当然,现代社会有了互联网,各种资讯高度发达,但人们也不能因此就忽视与他人的交往。因为与别人,尤其是与良师益友的交往,可以使你更好地认识自己,对事物的是非对错与价值有更好的判断。

人必须学习,而且从年少的时候就要开始学习,但是,人要学习的东西是很多很多的,那么首先应该学习的是什么呢?《三字经》明确告诉我们:习礼仪。礼仪即礼节和仪式,它们是在日常生活中形成的大家共同遵守的惯用形式，如握手、鞠躬、敬礼、作揖（yī）等等。在古代社会，人们对礼看得很重，通过礼来区分上下贵贱、长幼尊卑。一个人生活在社会上，每天都会面对各种各样的人，那么你在跟这些不同的人的接触与交往中，应该如何说话、怎样应对呢？既成的礼仪会告诉你一切。所以一个孩子开始学习，首先就要学礼仪。

香①九龄②，能温席③。
孝④于亲⑤，所当执⑥。

【注释】

①香：黄香，东汉人，因为孝顺而闻名。　②龄：岁数。　③席：席子，用来铺床、炕等的片状物。　④孝：孝顺，尽心奉养父母并顺从父母。　⑤亲：父母。　⑥执：执行；实行。

【译文】

黄香9岁的时候，在冬天睡觉前先把父亲盖的被子用自己的身体焐（wù）热。孝顺自己的父母，这是大家应当做到的。

【导读＋图说】

本段要求子女对父母必须孝顺。在中国古代，有“百善孝为先”的说法，意即在各种善良品德中，孝顺父母是最重要的。孝顺父母为什么这么重要呢？在古代儒家的重要经典《孝经》中说，孝是上天规定的，子女只有孝顺父母，才能使家庭稳定，使社会有序。所谓孝是上天规定的，这当然是夸张的说法，但是，一个孝顺的人，不会轻易去做违法之事，则是肯定的。而一个人不轻易去做违法之事，对于社会的和谐有序当然是有积极意义的。

文中提到的黄香是中国古代著名的孝子，在《后汉书·文苑列传》中说，黄香是江夏安陆（今湖北云梦）人，9岁时丧母，他悲痛欲绝，以致身体十分憔悴（qiáocuì），人们都称赞他孝顺。后来，他又尽心奉养父亲，京城中的人称赞他说：“天下无双，江夏黄童。”“香九龄，能温席”的说法并不见于正史记载。在元代的《二十四孝》中，有黄香“夏天暑热，扇凉其枕簟（diàn）；冬天寒冷，以身温其被席”的说法，意思是：当夏天天气酷热时，黄香就

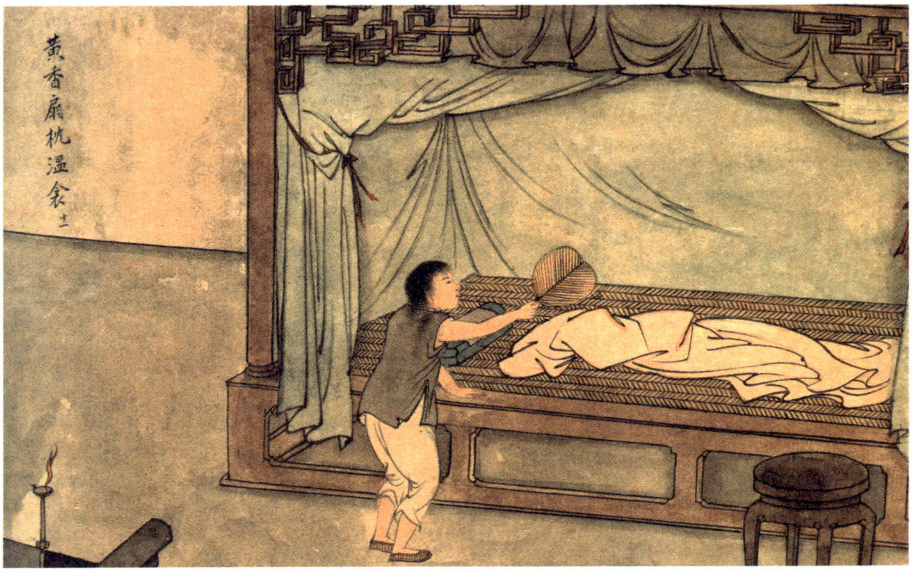

▲ 黄香扇枕温衾（qīn）图，描绘了黄香在夏天用扇子把枕席扇凉的情形。清代王素绘

在父亲睡觉前，先用扇子把枕席扇凉；当天气寒冷时，黄香就先用自己的身体把父亲睡觉盖的被褥（rù）焐热。这些说法是否历史事实并不重要，重要的是作者通过黄香为父亲“温席”的事例来说明孝顺应体现在对父母的实实在在的关心和相应的行动中。

融①四岁，能让②梨。
弟（tì）③于长，宜④先知。

【注释】

①融：孔融，东汉人，著名文学家。 ②让：不争，把方便、好处等给别人。 ③弟：同“悌（tì）”，指弟弟敬爱哥哥。 ④宜：应该。

【译文】

孔融4岁的时候，就知道把大的梨让给哥哥吃。弟弟敬爱兄长，这个道理从小就应该知道。

【导读＋图说】

本段要求弟弟必须敬爱兄长。弟弟敬爱兄长，这称为“悌”。在中国古代，悌往往与孝字连用，成为家庭关系中的重要准则，如

《论语·学而》中说:“有子曰:‘其为人也孝弟,而好犯上者,鲜矣;不好犯上,而好作乱者,未之有也。君子务本,本立而道生。孝弟也者,其为仁之本与!’”意思是:孔子的弟子有子说:“一个人能孝顺父母,尊敬兄长,却喜欢冒犯上级,这样的人是很少的;不喜欢冒犯上级,却喜欢造反作乱,这样的人从来都没有过。君子致力于基础性的工作,基础确立了,正道自然就会产生。孝顺父母,尊敬兄长,这大概就是仁道的基础吧!”仁道是儒家思想的核心,有子把尊敬兄长看作仁道的基础之一,可见尊敬兄长是多么重要了。

尊敬兄长真的有这么重要吗?我们可以来仔细分析一下。在中国古代的家庭中,三世同堂是较为普遍的现象,从而形成了父子、祖孙、妯娌(zhóuli)、叔嫂等复杂的关系。然而,在这些复杂的关系中,最为基本的则是父母与子女以及兄弟姐妹之间的关系,只要把这两种关系处理好了,即只要子女对父母尽孝,弟弟尊敬兄长,就可以确保家庭的稳定与和谐。由此可见尊敬兄长确实是非常重要的。

▲ 孔融像,选自《清抄绘图描金银〈三国志演义〉》

文中所述的孔融让梨的故事,在《后汉书·郑孔荀列传》李贤等注引的《融家传》中有这样的记载:“兄弟七人,融第六,幼有自然之性。年四岁时,每与诸兄共食梨,融辄(zhé)引小者。大人问其故,答曰:‘我小儿,法当取小者。’由是宗族奇之。”孔融是孔子的第二十代孙,有兄弟七人,孔融排行第六。孔融4岁时,只要与自己的兄弟一起吃梨,他就只挑小的吃。大人问他为什么要这么做,孔融回答说:“我的年龄小,自然应当吃小的。”

▲ 孔融让梨图,古代祠堂壁画

孔融让梨的故事在历史上极为有名,即使在现代,人们对它也是耳熟能详。通常说来,一个4岁的孩子是并不懂得什么孝悌之类的道理的,因此,孔融让梨完全出自天性,即上面所说的“自然之性”。在日常生活中,我们有时也能见到这样的孩子,他们喜欢把好东西让给别人,并以此为乐。这当然是一种美德,值得我们提倡和学习。

首①孝②弟（tì）③，次见闻④，
知某数⑤，识某文⑥。

【注释】

①首：首先；首要。　②孝：孝顺，尽心奉养父母并顺从父母。　③弟：同"悌（tì）"，指弟弟敬爱哥哥。　④见闻：见到和听到的事。　⑤数：数目。　⑥文：文字。

【译文】

首先要懂得孝顺父母和尊敬兄长，接下来要增广自己的见闻，然后是要知道数字，认识文字。

【导读】

本段具体讲述了学习知识的顺序：首先是学习伦理道德，其次是了解社会和自然界，然后才是认识数字和文字。这种学习顺序，与我们现代社会存在很大的不同。因为现代启蒙教育的顺序是先认识数字和文字，道德修养只是在这一过程中顺带提及，至于增广见闻，则更为大家所忽略。这种教育方式的好处是孩子在小小年纪就可以认识很多字，但在待人接物方面则显得很幼稚，至于对社会和自然的了解，则更是少得可怜。那么以上这两种学习知识的顺序哪一种更合理呢？这需要有关部门作客观的评估，当然读者也可以作出自己的判断。

一而①十，十而百，
百而千，千而万。

【注释】

①而：到；往。

【译文】

从一到十，从十到百，从百到千，从千到万。

【导读】

本段是上文"知某数"的具体化，列举了一、十、百、千、万这几个数字。一些《三字经》注译本把此段文字翻译成"十个十是一百，十个一百是一千"，或"十十相加便成了百，百百相加便成了千"，等等，有解释过度之嫌，似没有这种必要。

三才[1]者，天地人。

三光[2]者，日月星。

【注释】

①三才：宇宙间三种重要的因素。 ②光：光明。

【译文】

三才，指的是天、地和人。三光，指的是太阳、月亮和星星。

【导读】

本段解释了什么叫“三才”和“三光”。“三才”的说法出自《周易·系辞传下》：“《易》之为书也，广大悉备。有天道焉，有人道焉，有地道焉。兼三才而两之，故六。六者非它也，三才之道也。”意思是：《易经》这本书包括的内容极为广泛而且齐备。其中既包括天道，又包括人道，也包括地道。把包括天、地、人三才的两个三画卦（guà）相重叠，所以就有了六画卦。这六画卦不是别的，反映的仍是天、地、人三才之道。当然，对于孩子来说，上述内容实在是太深奥了，因此，大家只要知道“三才”的说法来自《周易》就行。

“三光”指的是天地间三种最光明的东西，这当然非太阳、月亮和星星莫属。在汉代班固的《白虎通·封公侯》中就明确说：“天有三光，日、月、星。”“三光”的说法当来源于此。

《三字经》在讲述了十、百、千等数字后，便开始讲天、地、日、月、星，因为它们是人们在生活中最常见的东西，也是人类生存的客观环境。

三纲[1]者，君臣义[2]，

父子亲[3]，夫妇顺[4]。

【注释】

①三纲：封建社会中君臣、父子、夫妇之间三种主要的道德关系准则。 ②义：正义，公正合宜的道理或行为。 ③亲：感情深；关系密切。 ④顺：和睦；和顺。

【译文】

所谓“三纲”，指的是君主和臣子之间的关系要公正合宜，父母和子女之间要相亲相爱，丈夫和妻子之间要和睦相处。

【导读】

本段讲述了"三纲"的具体内容。三纲是中国封建社会的基本道德原则和规范，指"君为臣纲、父为子纲、夫为妻纲"，要求臣子对君主绝对服从，儿子对父亲绝对服从，妻子对丈夫绝对服从；同时也要求君主、父亲、丈夫必须为臣子、儿子、妻子作出表率。最先提出"三纲"的是西汉时期的董仲舒，不过，他是根据春秋战国时期的孔子、韩非子等人的思想概括而成的。

在中国古代社会，"三纲"对于维护社会秩序发挥了极其重要的作用，但是，它强调臣子、儿子、妻子对君主、父亲、丈夫要绝对服从，这在今天看来，无疑是极不合适的。不过，《三字经》中把"三纲"概括为"君臣义，父子亲，夫妇顺"，则显得较为公允合理。在今天，"父子亲，夫妇顺"仍是值得提倡的。至于"君臣义"，因为现代社会已无君臣关系，当然就必须摒弃了；不过，若把它应用于上下级之间，要求上下级之间的关系要公正合宜，则也是有其价值的。

曰①春夏，曰秋冬，
此②四时③，运④不穷⑤。

【注释】

①曰：称；叫作。　②此：这。　③四时：四季。　④运：运行；循环。　⑤穷：尽；止息。

【译文】

称为春夏，称为秋冬，这就是一年四季，不停地循环往复。

【导读】

本段介绍了一年中的春夏秋冬四季，并说明这四季是循环往复地更替的。春夏秋冬四季在古代原称四时，在《尚书·尧典》中，有"以闰月定四时成岁"即用置闰月的办法来确定一年的春夏秋冬四时的说法。在汉代蔡邕（yōng）的《月令问答》中已有四季的说法。之所以把四时称为四季，是因为春夏秋冬每一时为三个月，古人把每一时中的第三个月称为季月，过了季月则进入下一个时，所以后来称四时为四季。

曰①南北，曰西东，
此②四方，应③乎中④。

【注释】

①曰：称；叫作。 ②此：这。
③应：对应。 ④中：中央。

【译文】

称为南北，称为西东，这就是四个方位，与中央相对应。

【导读】

本段介绍了东南西北中五个方位，其中中央是基点，其他四个方位都是相对于中央而言的。一个人在早晨日出时面向太阳站在某地，他所站的地方就是中央，他的前面是东方，后面是西方，右边是南方，左边是北方。地理方位与人的生活密切相关，在中国古代，很早就有四方的观念，如在《周易》的《离》卦（guà）中就有“大人以继明照于四方”，即大人连续不断地用光明之德照耀四方的说法。

曰①水火，木金土，
此②五行③，本④乎数⑤。

【注释】

①曰：称；叫作。 ②此：这。
③五行：指金、木、水、火、土五种物质元素的运行、变化，古人认为万物是由这五种元素组成的。 ④本：本源；根源。 ⑤数：规律；道理。

【译文】

称为水、火、木、金、土，这就是五种基本的物质元素，它们之间相生相克，依据一定的规则。

【导读】

本段介绍了金、木、水、火、土五行。五行的说法最早见于《尚书·洪范》：“五行：一曰水，二曰火，三曰木，四曰金，五曰土。水曰润下，火曰炎上，木曰曲直，金曰从革，土爰（yuán）稼穑（sè）。”

意思是：五行中一是水，二是火，三是木，四是金，五是土。水的特点是向下面润湿，火的特点是向上面燃烧，木的特点是可以弯曲或伸直，金的特点是可以根据人的需要改变形状，土的特点是可以生长庄稼。

关于五行，最重要的内容是五行相生相克的观点。所谓五行相生，指水生木，木生火，火生土，土生金，金生水；所谓五行相克，指金克木，木克土，土克水，水克火，火克金。古人常常用五行相生相克的观点来解释事物间的关系。

曰①仁②义③，礼④智⑤信⑥，
此⑦五常⑧，不容⑨紊（wěn）⑩。

【注释】

①曰：称；叫作。 ②仁：对人友爱，有同情心。 ③义：正义，公正合宜的道理或行为。 ④礼：我国古代制定的行为准则及道德规范。 ⑤智：聪明；有见识。 ⑥信：诚实，不虚假。 ⑦此：这。 ⑧常：伦常，我国封建社会基本的伦理道德。 ⑨容：允许；许可。 ⑩紊：乱。

【译文】

称为仁、义、礼、智、信，这就是五种基本的道德原则，不能把它们搞乱。

【导读】

本段讲述了“五常”的内容，它们是仁、义、礼、智、信。“五常”的说法出于西汉时期的董仲舒，这是他在孟子所说的仁、义、礼、智的基础上，加上“信”而成的。到了宋代，理学家朱熹（xī）把它与“三纲”合在一起使用，使三纲五常成为中国封建社会的基本道德原则和规范的代名词。

稻粱①菽（shū）②，麦黍（shǔ）③稷（jì）④，
此⑤六谷，人所食。

【注释】

①粱：谷子，一年生草本植物，籽实脱壳后叫小米。　②菽：豆类的总称。　③黍：黍子，一年生草本植物，籽实淡黄色，去皮后叫黄米，有黏(nián)性。　④稷：古代称一种粮食作物，一说属黍一类，一说是粟。　⑤此：这。

【译文】

水稻、谷子、豆类，麦子、黍子、稷，这称为六谷，是人类常吃的粮食。

【导读＋图说】

本段介绍了六谷即六种粮食作物，包括稻、粱、菽、麦、黍和稷。然而，关于六谷，《周礼》中有不同的说法，它把稌(tú)、黍、稷、粱、麦、苽(gū)称为六谷。这里的稌，指稻；苽，则指菰(gū)米，一种多年生水生宿根草本植物，其基部形成的肥大嫩茎即茭白。不过，与六谷相比，人们最熟悉的还是五谷的说法，如五谷杂粮、五谷丰登等，这里的五谷通常指稻、黍、稷、麦、豆五种粮食作物。

◀ 菰图，选自明代的《补遗雷公炮(páo)制便览》

马牛羊，鸡犬豕(shǐ)①，

此②六畜③，人所饲④。

【注释】

①豕：猪。　②此：这。　③畜：禽兽，这里指家畜，即人类驯养的兽类。广义的家畜也包括鸡、鸭、鹅等家禽。　④饲：喂养；饲养。

【译文】

马、牛、羊，鸡、狗、猪，这是人类喂养的六种家畜。

【导读＋图说】

人类早期以狩(shòu)猎和采集植物的果实根茎为生。在狩猎过程中，当猎获的野兽是活的并且吃不完时，人们便会把它们关进圈中养起来。久而久之，这些野兽便会变得越来越驯顺，从而变成了家畜。猪、狗、羊、牛等都是从野猪、野狗、野羊、野牛变来的。人类饲养的动物很多，本段中提到的六畜，是其中最有代表性的六种动物，除此之外，像猫、鸭、鹅、驴等也是人们常见的家畜。早在春秋时期的《左传》中，就已有关于六畜的说法，如《左传·昭公二十五年》中说："为六畜、五牲、三牺以奉五味。"意思是：设六畜、五牲、三牺，使五味得以遵循。这里的"牲""牺"，都是指用于祭祀(jìsì)的动物。

▶ 古人狩猎图，选自清代的《台湾风俗图》

曰①喜怒，曰哀②惧③，

爱恶(wù)④欲⑤，七情⑥具⑦。

【注释】

①曰：称；叫作。　②哀：悲痛。

③惧：害怕。　④恶：讨厌；憎恨。

⑤欲：欲望，想得到某种东西或达到某种

【译文】

高兴、愤怒、悲痛、害怕、喜爱、厌恶和欲望，这是人一

目的的愿望、要求。 ⑥七情：人的七种感情。 ⑦具：具备。

生下来就具备的七种感情。

【导读】

关于七情的说法，最早见于《礼记·礼运》："何谓人情？喜、怒、哀、惧、爱、恶、欲，七者弗学而能。"意思是：什么叫人的感情？它包括高兴、愤怒、悲痛、害怕、喜爱、厌恶和欲望，这七种感情是与生俱来的，不需要通过学习就具备。

七情往往与六欲并用，构成七情六欲一词，指人的各种情感和欲望。六欲的说法出于佛教，指色欲、形貌欲、威仪姿态欲、言语音声欲、细滑欲和人想欲六种欲望。人有七情六欲，有七情六欲的人才是活生生的人，活生生的人体验着生活中的酸、甜、苦、辣等滋味，因而人生是丰富多彩、充满挑战和乐趣的。

匏（páo）①土②革③，木④石⑤金⑥，
丝⑦与竹⑧，乃⑨八音⑩。

【注释】

①匏：匏瓜，一年生草本植物，果实也叫匏瓜，像葫芦，可用来制作匏笙（shēng）、匏琴等乐器。 ②土：陶土，用来烧制乐器埙（xūn）。埙是一种吹奏乐器，椭圆形，有一至十几个音孔。 ③革：皮革，用来制作鼓、二胡等乐器。 ④木：木头，用来制作柷（chù）、敔（yǔ）等乐器。柷的形状像方形的盒子，敔用于奏乐将终时。 ⑤石：石头，用来制作磬（qìng）等乐器。 ⑥金：金属，用来制作钟、锣、钹（bó）等乐器。 ⑦丝：丝线，用来制作琴、琵琶等乐器。 ⑧竹：竹子，用来制作笛子、排箫等乐器。 ⑨乃：是。 ⑩八音：我国古代指用八种材质制成的乐器，也泛指各种乐器或音乐。

【译文】

匏瓜、陶土、皮革、木材、石头、金属、丝线和竹子，用这八种材质制成的乐器称为八音。

国学经典规范读本

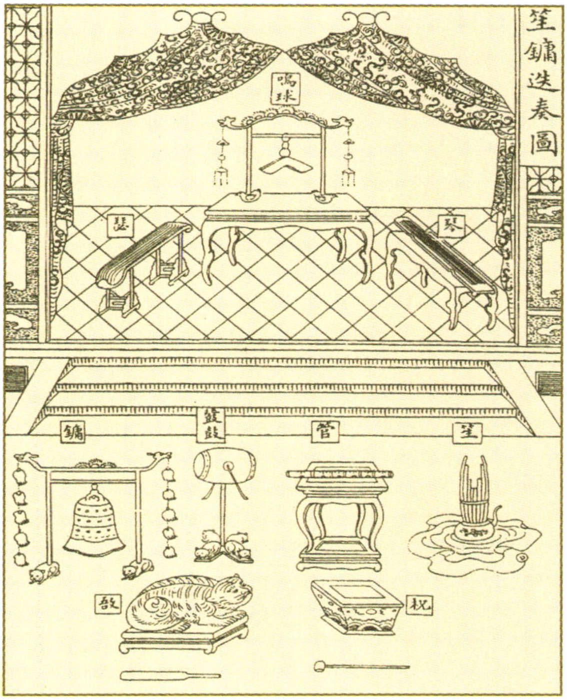

▲ 笙镛(yōng)迭奏图，描绘了中国古代的各种乐器。选自清代的《钦定书经图说》

【导读+图说】

中国古代音乐家根据制作乐器的不同材质，把乐器分为八类，称为八音。八音的说法早在《尚书·尧典》中就已经有了："三载，四海遏密八音。"意思是：尧帝逝世后，三年之中，全国上下停止了所有乐器的演奏。《三字经》在七情后讲八音，一方面是考虑到数字顺序：七的后面是八；另一方面则是考虑到音乐具有陶冶人的情操、影响人的情绪的作用。

高①曾②祖③，父而④身⑤，
身而子，子而孙，
自子孙，至⑥玄⑦曾⑧，
乃⑨九族⑩，人之伦⑪。

【注释】

①高：高祖，祖父的祖父。 ②曾：曾祖，祖父的父亲。 ③祖：祖父，父亲的父亲。 ④而：到；往。 ⑤身：自身；本身。 ⑥至：到。 ⑦玄：玄孙，孙子的孙子。 ⑧曾：曾孙，孙子的儿子。 ⑨乃：是。 ⑩九族：九代。 ⑪伦：辈分，家族、亲友之间的世系顺序。

【译文】

从高祖、曾祖、祖父、父亲到自己，从自己的儿子、孙子、曾孙到玄孙，一共九代，是家族的世系顺序。

【导读】

每个人的生命都是人类整体生命中的一环，具有承上启下的作用。本段把自身加上自身以上的四代人、自身以下的四代人称为九族，并说明了每一族的名称，如高祖、曾祖、曾孙、玄孙等。九族的说法始见于《尚书·尧典》："克明俊德，以亲九族。"意思是：

帝尧能够发扬他的才智美德，使九族亲善。然而，关于九族的具体所指，历史上却存在争议。如有一派认为九族是异姓亲族，包括父族四个、母族三个、妻族两个；另一派认为，九族包括自身及自身以上的四代人、自身以下的四代人，《三字经》即采用此种观点。还有人认为，九族的“九”是虚指，意思是多，因此九族就是众多家族或氏族。不过，在具体应用中，大家还是认同《三字经》中所说的九族的观点，如在明清时期的刑律中，有诛灭九族等说法，这里的九族，指的就是自身及以上的四代和以下的四代。

父子恩①，夫妇从②，
兄则友③，弟则恭④，
长幼序⑤，友与朋，
君则敬⑥，臣则忠⑦，
此十义⑧，人所同。

【注释】

①恩：情义；恩情。 ②从：依顺；顺从。 ③友：友爱；亲爱。 ④恭：对人谦逊有礼貌。 ⑤序：排列次序。 ⑥敬：尊重；有礼貌地对待。 ⑦忠：忠诚；赤诚无私，尽心尽力。 ⑧义：道理；规则。

【译文】

父子之间要有恩情，夫妻之间要和顺，兄长对弟弟要亲爱，弟弟对兄长要尊敬，年长的与年幼的要注重尊卑次序，对朋友要友爱，君主对臣子要尊重，臣子对君主要忠诚，这是人与人相处的十种规则，人人都应该遵守。

【导读】

本段讲述了十义即十种处理人与人之间关系的基本准则，这十种关系包括：一是父对子，二是子对父，三是夫对妻，四是妻对夫，五是兄对弟，六是弟对兄，七是长幼之间，八是朋友之间，九是君对臣，十是臣对君。

关于文中的“友与朋”一句，历来的解释多似是而非，或人为地把它理解为朋友之间要讲信义，或把“友”和“朋”都作名词看待。其实，本段中的“恩”“从”“恭”“敬”等都作动词，所以这里的“友”也应作动词解，所谓“友与朋”，就是对朋友要友爱。

早在《礼记·礼运》中，就已有关于十义的说法：“父慈、子孝、兄良、弟悌（tì）、夫义、妇听、长惠、幼顺、君仁、臣忠，十者，谓之十义。”与《三字经》相比，《礼记》中的十义并无朋友相处的内容，《三字经》中加入“友与朋”一句，说明朋友关系也是十分重要的关系。

凡训①蒙②，须讲究③。
详④训诂（gǔ）⑤，明句读（dòu）⑥。

【注释】

①训：教诲；教导。②蒙：没有文化；愚昧无知。③讲究：探究。④详：清楚地知道。⑤训诂：解释古书中字句的意思。⑥句读：文章中应该停顿的地方，相当于现在给文章加的标点符号。

【译文】

凡是对幼童进行启蒙教育，一定要注意方法。要说清楚文中字句的意思，让他们明白该在什么地方断句。

【导读】

从本段开始，《三字经》介绍如何教孩童读书。读书首先要识字，要知道每个字词的意思，这就是“详训诂”。古书中没有标点符号，但是没有标点符号并不等于古代的文章中句与句之间没有停顿，只是古书不把这个停顿标示出来，而让读书的人自己去把握。因为古人认为，只要读书的人读懂了文章的意思，自然就知道该在哪儿停顿，所以用不着用某种符号把这些停顿标出来。告诉孩童该在文章的什么地方停顿，这就叫“明句读”。

在现代人看来，文章中不加标点，会给读书的人带来很大的困扰，因为同样一句话，若标点的地方不同，其意义有可能完全不同。有这样一个故事，说有个文人给一家制作酒和醋的作坊送去一张条幅，上面写道：“做酒坛坛好做醋坛坛酸。”作坊主一看：“做酒坛坛好，做醋坛坛酸”，这不是夸我的酒和醋制作得好吗？便把这张条幅挂了起来。然而，有一个喜欢恶作剧的文人，在条幅上加了一个标点，却让意思完全相反了：“做酒坛坛好做醋，坛坛酸。”由此可见，“明句读”，对于弄清文章的意思，确实是十分重要的。

为学①者，必有初②。
《小学》③终，至四书④。

【注释】

①为学：读书学习；做学问。 ②初：开始。 ③《小学》：古代儿童教育范本，南宋朱熹（xī）、刘子澄编。 ④四书：《论语》《孟子》《大学》《中庸》四本儒家经典。

【译文】

读书学习，一定要有一个好的开始。把《小学》读完后，再读《论语》《孟子》《大学》和《中庸》。

▲ 朱熹著书图，描绘了朱熹写作时的情形

【导读 + 图说】

本段讲述了读书的顺序：先读《小学》，再读《论语》《孟子》《大学》和《中庸》四书。本段的内容十分简明，然而，在对“小学”的理解上，一些《三字经》的注译作品却陷入了混乱。

在中国古代，“小学”主要包含三种意思。一是指古代的学校名，与“太学”相对。西周时开始设置，是教育王子及贵族子弟的学府。学生年龄在8至15岁之间，学习的内容主要是“六艺”，即礼（礼仪制度、道德规范）、乐（音乐、诗歌、舞蹈）、射（射箭）、御（驾车）、书（文字读写）、数（算法）。历代多设有此类的小学，到清末教育改革，才渐渐变为现在的小学。二是指文字学、训诂（gǔ）学、音韵学的总称。三是指书名，由南宋的朱熹、刘子澄编写，共六卷，分内篇和外篇。内篇包括《立教》《明伦》《敬身》《稽古》，外篇包括《嘉言》《善行》，是儿童教育课本。《三字经》中把“小学”与“四书”并列来讲，因此，此“小学”所指应该是朱熹、刘子澄编写的书籍无疑，可是，有一些注译者却从古代学校名的角度来理解这里的“小学”，洋洋洒洒，离题千里，这是很不妥的。

四书的说法源自南宋理学家朱熹。朱熹先注《论语》，又从《礼记》中摘出《中庸》《大学》分章断句，并作注释，再配上其所注的《孟子》一书，题为《四书章句集注》，作为学习的入门书。从元代开始，规定科举考试必须在四书内出题，发挥题意须以朱熹的《四书章句集注》为依据。明清两代也沿用这种做法。

《论语》①者，二十篇，
群弟子②，记善言③。

【注释】

①《论语》：儒家最重要的经典，主要记录孔子及其弟子的言行。 ②群弟子：指孔子的众多学生。 ③善言：有教育、启迪意义的言论。

【译文】

《论语》一共二十篇，由孔子的众多学生们把有教益的言论记录汇编而成。

【导读＋图说】

本段讲四书之一的《论语》的篇幅、作者及内容。《论语》是对

▶ 孔子讲学图，描绘了孔子与弟子们在一起的情形。清代黎明绘

古代中国社会和中国人的心灵影响最大的一部经典，其中记录的主要是儒家创始人孔子的言行和他与弟子的对话。

时至今日，《论语》中提倡的孝的思想，要做君子、不要做小人的思想，要重视自身道德修养的思想等等，仍然在深刻地影响着中国人的思想和言行。

《孟子》①者，七篇止②，
讲道德，说仁③义④。

【注释】

①《孟子》：主要记录孟子言行的书，由孟子和他的学生编纂而成。 ②止：结束；停止。 ③仁：对人友爱，有同情心。 ④义：正义，公正合宜的道理或行为。

【译文】

《孟子》一共有七篇，其中讲的主要是关于道德和仁义方面的思想。

【导读＋图说】

本段讲述了四书之一的《孟子》的篇幅和主要内容。孟子是儒家的亚圣，在儒家学派中的地位仅次于孔子。孟子生活在战国时代，他也曾像孔子一样周游列国，四处宣传他的以仁义治国的思想。在《孟子》一书中，我们可以看到许多精彩的论述。如他认为做人要做大丈夫，要“贫贱不能移，富贵不能淫，威武不能屈”，而要达到这一境界，就必须养“浩然之气”；当人们做符合道义的事情的时候，浩然之气就会产生，这样不断积累，就可以使这种气充满全身。如他认为当君主荒淫无耻的时候，大臣们可以把他废掉，另立新君。如他认为国家中最重要的是老百姓，君主的地位是最轻的，等等。孟子的这些思想，即使在今天，仍有重要的价值。

▲ 孟子像

作《中庸》①，子思②笔。
中不偏③，庸不易④。

【注释】

①《中庸》：原是《礼记》中的一篇，内容为宣传孔子的中庸之道。 ②子思：即孔伋（jí），字子思，是孔子的孙子。 ③不偏：没有偏差。 ④不易：没有变化。

【译文】

《中庸》是子思写的。中的意思是没有偏差，庸的意思是永恒不变。

【导读＋图说】

本段讲述了四书之一的《中庸》的作者及“中”和“庸”的含义。中庸的说法，最早由孔子提出：“中庸之为德也，其至矣乎！民鲜久矣。”（《论语·雍也》）意思是：中庸作为一种道德，应该达到极致了吧！人们缺少它已经很久了。根据通常的观点，孔子的孙子子思及其门人继承、发展了孔子关于中庸的思想，写作了《中庸》一书。

▲ 子思像

中庸的基本原则是处理问题时不走极端，无过或不及，保持一定的限度。在儒家学者看来，中庸是最高的原则，是对立双方的平衡。不过，也有人认为中庸的实质是搞折衷调和，不坚持原则，但赞成这种看法的人现在已经越来越少了。

中庸的实质是居中不偏，并把它视为永恒不变的原则。这当然是正确的，因为不偏总比偏好。事实上，实行中庸的难处在于判定什么是偏，什么是不偏，所以孔子才会说人们缺少中庸这种道德已经很久了。

作《大学》①，乃②曾子③。
自修④齐⑤，至平⑥治⑦。

【注释】

①《大学》：原是《礼记》中的一篇，讲述儒家伦理的基本纲领。 ②乃：是。 ③曾子：

【译文】

《大学》是曾子写的。书中

即曾参(shēn),字子舆(yú),孔子的学生,以孝著称,著有《孝经》。 ④修:修身,努力提高自己的品德修养。 ⑤齐:整治。 ⑥平:平定天下。 ⑦治:治理国家。

的内容从修身养性、整治家庭,讲到治理国家、平定天下。

▲ 曾参像

【导读 + 图说】

本段讲述了四书之一的《大学》的作者及其主要内容。《大学》本是古代儒家经典《礼记》中的一篇,全文一千多字,朱熹(xī)把它分为“经”和“传”两部分,认为其中的“经”是曾参记述孔子的话,“传”是曾参门人记述曾参的话。但这一观点也遭到一些学者的反对。

《大学》的主要内容是阐述个人道德修养与社会治乱的关系。书中提出了实现天下大治的八个步骤,包括格物、致知、诚意、正心、修身、齐家、治国、平天下。其中修身是最根本的,前面四个步骤是修身的方法,后面的三个是修身的必然效果。

《大学》重视个人道德修养,这是值得肯定的,但它过分夸大了道德修养在治国中的作用,也是不恰当的。

▲ 孝经传曾图,描绘了孔子把关于孝的系统思想传授给曾参的情形。选自《孔子圣迹图》

《孝经》①通②，四书③熟④，如六经⑤，始可读。

【注释】

①《孝经》：儒家经典，共十八章，通常认为是孔门后学所著，论述孝道和孝治思想。 ②通：懂得；了解。 ③四书：《论语》《孟子》《大学》《中庸》四种儒家经典。 ④熟：熟悉；熟练。 ⑤六经：《诗经》《尚书》《礼记》《周易》《春秋》《乐经》六种儒家经典。

【译文】

通晓了《孝经》，熟读了四书之后，就可以去读像六经这样的经典。

【导读】

结合前面几段的内容，我们可以发现，《三字经》向我们大致勾勒出了阅读古代典籍的顺序：先读《小学》，再读四书，然后读《孝经》；在前面的基础上，再读六经。说到儒家经典，大家很自然地会想到四书五经。所谓五经，指的是《诗经》《尚书》《礼记》《周易》《春秋》五种经典，与这里所说的六经相比，少了《乐经》一书。《乐经》早已失传，因此，关于《乐经》一书，历代争议颇多，有人认为该书亡于秦始皇焚书之时，有人认为本来就没有《乐经》一书，它只是附于《诗经》的一种乐谱。

《三字经》中之所以列出这么一个读书顺序，一方面是考虑到文字的难易程度，六经在其中是最难的，所以要放到最后来读；一方面则是考虑到学习知识的顺序，先掌握基本的做人道理，再学习专门的历史文化知识。

《诗》①《书》②《易》③，《礼》④《春秋》⑤，号⑥六经，当讲求⑦。

【注释】

①《诗》：《诗经》，我国最早的诗歌总集。分《风》《雅》《颂》三大类，保存了从西周初年到春秋中期

【译文】

《诗经》《尚

的三百零五首诗歌作品。编成于春秋时期。 ②《书》:《尚书》,现存最早的关于上古时期典章文献的汇编,保存了商周特别是西周初期的一些重要资料。相传由孔子编写。 ③《易》:《易经》,通过阴阳八卦(guà)来预测吉凶、用六十四卦模拟天地万物变化的著作。相传成书于西周时期。 ④《礼》:《礼记》,共四十九篇,是秦汉以前各种礼仪论著的选集,由孔子弟子及其再传、三传弟子等所记。 ⑤《春秋》:书名,我国最早的编年体史书,相传由孔子依据鲁国史官所编的《春秋》整理修订而成。 ⑥号:称。 ⑦讲求:探究。

书》《易经》《礼记》《春秋》称为"六经",对这些典籍应当仔细探究。

【导读】

本段讲述了"六经"包括的六种典籍,然而读者一眼就能看出文中存在明显的漏洞:《诗经》《尚书》《易经》《礼记》《春秋》,明明是"五经",怎么说它是"六经"呢?

关于这个问题,通常的理解是:上述"五经"加上《乐经》,称为"六经";但因为《乐经》早已不传,"六经"事实上只剩下了"五经",所以也把上述"五经"称为"六经"。

但是,也有学者认为,之所以把上述"五经"称为"六经",是因为其中的"礼"包括两部经典:《周礼》和《礼记》,所以合称"六经"。这种理解似乎值得商榷(què)。因为通常把"礼"理解为《礼记》,当然也有把"礼"理解为《礼经》的,但《礼经》通常是指《仪礼》或《周礼》和《仪礼》,而很少有称《周礼》和《礼记》为"礼"的,因为《礼记》属记而不属经。当然,从《三字经》下面的内容看,作者也是把"礼"理解为《周礼》和《礼记》两部经典,但是,这种说法并不多见。

有《连山》①,有《归藏》②,
有《周易》③,三易④详⑤。

【注释】

①《连山》:书名,《周易》前的古《易》,相传由

【译文】

有《连山

▲ 伏羲像，宋代马麟绘

▲ 诞受羑若图，描绘了周文王被拘于羑里时创作《周易》的情形。选自清代的《钦定书经图说》

伏羲氏所作，也叫《连山易》。 ②《归藏》：书名，《周易》前的古《易》，相传由黄帝所作，也叫《归藏易》。 ③《周易》：书名，相传由周文王所作。 ④三易：指《连山易》《归藏易》《周易》三种《易》。 ⑤详：详尽。

易》，有《归藏易》，还有《周易》，这三种《易》书合称为“三易”。

【导读＋图说】

本段说明了《易经》有三种：《连山易》《归藏易》和《周易》。

《周易》很常见，《连山易》和《归藏易》却没有人见过。通常认为，《连山易》的首卦（guà）是艮（gèn，䷳），由八卦中的两个艮卦（☶）组成，艮代表山，所以称为《连山易》，夏代流行的就是《连山易》；《归藏易》的首卦是坤（䷁），坤代表大地，大地藏有万物，所以称为《归藏易》，商代流行的就是《归藏易》；《周易》则由周文王所作。然而，人们迄今未发现《连山易》和《归藏易》的踪迹。根据《史记》中的说法，伏羲氏发明了八卦，周文王被商纣（zhòu）王囚禁在羑（yǒu）里时把八卦演变为六十四卦，并为每一卦每一爻（yáo）加上了说明性的文字，形成了我们现在所见的《易经》的样子。不过，根据目前的考古资料，《易经》似应成书于西周中期以后，因此，周文王创作《周易》的说法也不能完全成立。

“三易详”一句可作多种理解，一种很直接：“三易”就包括《连山易》《归藏易》和《周易》。一种是：上述三种《易》中详尽地反映了事物发展变化的道理。一种是：上述三种《易》中详尽地反映了简易、变易、不易的道理，因为古人认为，“易”包括三种意思：一是简易，即简单明白；二是变易，即变化不定；三是不易，即永恒不变。当然还可作别的理解，在此就不一一列举了。

有典①谟②，有训③诰④，
有誓⑤命⑥，《书》⑦之奥⑧。

【注释】

①典：《尚书》的文体之一，主要记载法则、典章制度。②谟：《尚书》的文体之一，主要记载君臣之间策划、谋议大事的内容。③训：《尚书》的文体之一，用于臣子劝谏（jiàn）君王。④诰：《尚书》的文体之一，主要记载君王发布的命令。⑤誓：《尚书》的文体之一，主要记载君王在出师征伐时的誓师之词。⑥命：《尚书》的文体之一，主要记载君王对大臣的训令。⑦《书》：《尚书》，现存最早的关于上古时期典章文献的汇编。⑧奥：深奥难懂。

【译文】

《尚书》中有典、谟、训、诰、誓、命六种文体，文字和道理深奥难懂。

【导读＋图说】

本段讲述了“六经”之一的《尚书》的内容特点。

《尚书》是我国现存最早的关于上古时期典章文献的汇编，保存了商周特别是西周初期的一些重要资料，但是，关于《尚书》书名的含义及现在我们看到的《尚书》是真是假，却存在很多争议。《尚书》本来称为“书”，“尚书”之名，首见于《史记》。但是，关于“尚书”的“尚”的含义，人们却有不同的理解：一说“尚”的意思是久远，所以《尚书》就是上古之书；一说“尚”的意思是尊崇，所以《尚书》就是受到人们尊崇的书；一说“尚”的意思是君主，所以《尚书》就是上古帝王之书。

《尚书》相传由孔子编定。秦朝建立后，《尚书》被焚毁，专门研究《尚书》的专家伏生保存了《尚

▲ 伏生授经图，描绘了西汉时伏生把《尚书》传授给晁错的情形。明代崔子忠绘

书》中的部分内容，在西汉初期把它传授给晁错，晁错用隶书把它抄写出来，因为隶书在当时被称为“今文”（比隶书古老的篆书在当时被称为“古文”），所以这部《尚书》就称为《今文尚书》。

汉武帝末年，鲁共王为了扩建住宅，拆毁了与其相邻的孔子家宅的墙壁，在墙壁中发现了一部《尚书》，因这部《尚书》是用比隶书更早的文字书写的，所以被称为《古文尚书》。《古文尚书》的内容比《今文尚书》要多。但是，这两种《尚书》，现在都已失传了。

我们现在看到的《尚书》源于东晋时梅赜（zé）所献的《孔传古文尚书》，关于这部书，有很多学者认为它是伪造的。但是，需要说明的是，虽然有大量证据证明《孔传古文尚书》是伪造的，但它并不是虚构的，其中保存了许多《古文尚书》的内容。现存的《尚书》由《虞夏书》《商书》《周书》三大部分组成，主要使用典、谟、训、诰、誓、命等六种文体。由于《尚书》年代久远，读起来十分吃力，连唐代的大文学家韩愈都觉得它过于艰涩（sè），所以《三字经》中说它“书之奥”。

我周公①，作《周礼》②，
著③六官④，存⑤治体⑥。

【注释】

①周公：西周初年政治家，周武王的弟弟，姓姬（jī），名旦。曾助周武王灭商，周武王死后摄政。相传他制礼作乐，为周朝建立了一套规章制度。 ②《周礼》：儒家经典之一，相传为周公所作。 ③著：写作；撰述。 ④六官：指《周礼》中的《天官冢（zhǒng）宰》《地官司徒》《春官宗伯》《夏官司马》《秋官司寇》《冬官司空》等六篇。 ⑤存：保存。 ⑥治体：国家政治体制。

【译文】

周公写作《周礼》，撰述关于天官、地官、春官、夏官、秋官和冬官等六官的篇章，保存了周朝的政治体制。

【导读＋图说】

本段讲述周公写作《周礼》，保存了周朝的政治体制。从文字上看，本段内容并不复杂，不过，仍有两个地方需要我们注意。

首先是关于周公"作周礼"，若把"周礼"理解为周代的礼制，而不是书名，当然没有什么问题，因为周公制礼作乐，已是人们的共识；但若说周公撰写了《周礼》，似乎就有问题了，因为学者们已经基本证明，《周礼》是战国时期的作品，而非周公所处的西周初年的作品。

其次是关于"著六官"一句，学者们多解释为"把官职分为六种""分列六类官制"等，把"著"字理解为"分"或"分列"，但"著"字并无"分"或"分列"的意思。其实，这里的"著"，应该是写作、撰述的意思，正因为撰述了关于六官的文字，才有下文的"存治体"，即把周朝的政治体制保存了下来。

▲ 周公像

大小戴①，注《礼记》②，
述③圣④言，礼乐⑤备⑥。

【注释】

①大小戴：即大戴和小戴。大戴指戴德，字延君，西汉人，宣帝时立为博士；小戴指戴圣，字次君，是戴德的侄子，宣帝时立为博士。 ②《礼记》：共四十九篇，是秦汉以前各种礼仪论著的选集，由孔子弟子及再传、三传弟子等所记。 ③述：叙述；记述。 ④圣：圣人，有极高品德和智慧的人。 ⑤礼乐：礼节和音乐。古代用礼节来区分尊卑等级，用音乐来使人们和睦相处。 ⑥备：完全；齐全。

【译文】

戴德和戴圣编纂了《礼记》，叙述圣人的言论，使礼乐制度齐全。

【导读＋图说】

本段讲述了"六经"之一的《礼记》的作者及其内容特点。

西汉时期，戴德与侄子戴圣同时向礼学家后苍学习有关礼的知识，因两人辈分不同，所以人们称戴德为大戴，戴圣为小戴。戴德搜集古代各种有关礼仪的论述，编成了《大戴礼记》，共八十五篇。戴圣也搜集古代各种有关礼仪的论述，编成了《小戴礼记》，共四十九篇。后来，《大戴礼记》残缺不全，《小戴礼记》则流传了下来，我们现在看到的《礼记》，就是《小戴礼记》。所以，文中的“注礼记”，其确切含义是编纂《礼记》，而不是注解《礼记》。

▲ 戴圣像

《礼记》的内容极为丰富，除了论述礼仪，还涉及人们的道德修养、人性问题等。《大学》和《中庸》就是其中的两章，被宋代儒家抽取出来，成为“四书”的重要组成部分。此外，《礼记》中提出的“天下为公”的观念，关于“小康”“大同”等概念，即使在当代社会，仍有重要的影响力。

曰①《国风》②，曰《雅》③《颂》④，
号⑤四诗⑥，当讽咏⑦。

【注释】

①曰：称；叫作。 ②《国风》：《诗经》的组成部分，包括《周南》《召南》和《唐风》《秦风》《陈风》等，共一百六十首诗，多为周代各地的民间歌谣。 ③《雅》：《诗经》的组成部分，分为《大雅》和《小雅》。《大雅》共三十一篇，全是贵族的作品，多作于西周初年。《小雅》共七十四篇，大约产生于西周后期和东周初期。 ④《颂》：《诗经》的组成部分，包括《周颂》《鲁颂》和《商颂》，是统治者祭祀(jìsì)时配有舞乐的歌辞。 ⑤号：称为。 ⑥四诗：指《国风》《大雅》《小雅》和《颂》。 ⑦讽咏：歌唱朗诵。

【译文】

《诗经》中包括《国风》《大雅》《小雅》和《颂》，它们被称为“四诗”，应该好好歌唱朗诵。

【导读＋图说】

▲ 过庭诗礼图，描绘了孔子教导儿子孔鲤要认真学习《诗经》的情形。选自《孔子圣迹图》

本段讲述了“六经”之一的《诗经》的组成部分，并要求学童经常诵读《诗经》。

通常认为，《诗经》是由孔子删定的。从《论语》中所涉及的孔子有关《诗经》的论述来看，孔子对《诗经》是极为重视的。如《论语·阳货》中有这样的记载：“子谓伯鱼曰：‘女为《周南》《召南》矣乎？人而不为《周南》《召南》，其犹正墙面而立也与！’”伯鱼是孔子的儿子，《周南》《召南》是《诗经·国风》中的两篇，因此，上文的意思是：孔子对伯鱼说：“你学习《周南》《召南》了吗？一个人如果不学习《周南》《召南》，就像正对着墙面站立而无法再前进一样！”在《论语·阳货》中，还有孔子关于《诗经》价值的极为著名的论述：“小子何莫学夫《诗》？《诗》可以兴，可以观，可以群，可以怨。迩（ěr）之事父，远之事君；多识于鸟兽草木之名。”意思是：学生们为什么不学习《诗经》呢？《诗经》可以激发联想，可以提高观察力，可以培养群体意识，可以训练讽刺能力。近可以用来侍奉父亲，远可

▲《诗经·陈风·衡门》图，描绘了一位没落贵族安于贫贱的情形。宋代马和之绘

以用来侍奉君主；还可以多认识鸟兽草木的名称。

在先秦诸子的著作中，常常喜欢引用《诗经》中的句子来说明问题。而且，有意思的是，在春秋战国时期的外交场合，那些外交家们也常以《诗经》中的诗句为外交辞令。如《论语·子路》中说："子曰：'诵《诗》三百，授之以政，不达；使于四方，不能专对；虽多，亦奚（xī）以为？"意思是：熟读《诗经》三百篇，交给他政事，却搞不懂；出使到四方各国，又不能独立应对；即使读得多，又有什么用呢？由此可见，在当时，作为一个外交使者，如果不熟悉《诗经》，是很难胜任其职务的。

诗既亡①，《春秋》②作。
寓③褒贬④，别⑤善恶。

【注释】

①亡：消亡；灭亡。 ②《春秋》：我国最早的编年体史书，相传由孔子依据鲁国史官所编的《春秋》整理修订而成。 ③寓：寄托；隐含。 ④褒贬：评论好坏。 ⑤别：区分；分辨。

【译文】

周朝采诗的制度消亡后，孔子编写了《春秋》。书中隐含了褒扬和贬抑，对善和恶作了区分。

【导读＋图说】

本段讲述了孔子创作《春秋》的原因及《春秋》一书的内容特点。

关于孔子创作《春秋》的原因，文中认为是"诗既亡"。然而，关于"诗既亡"的确切意思，则有澄清的必要。

根据通常的理解，这里的"诗"，是指《诗经》，因此，"诗既亡"即《诗经》消失后的意思。然而，《诗经》并没有消失，它一直流传至今。于是，有人认为，这里的"诗"，指的是《诗经》中蕴含的精神。那么什么是《诗经》的精神呢？孔子在《论语·为政》中说道："《诗》三百，一言以蔽之，曰：'思无邪。'"意思是：《诗经》三百首，用一句话来概括，就是"思想纯正无邪"。因此，所谓"诗既亡"，指的是到了春秋时期，天下大乱，《诗经》中蕴含的这种纯正无邪的精神消失了。这种解释，虽有一定的道理，但总觉得有些牵强。

所以，我们不妨换一种思路。在《孟子·离娄下》中有这样一句话："王者之迹熄而诗亡，诗亡然后《春秋》作。"意思是：圣王采诗的事情废止了，诗也就没有了；诗没有了，孔子便创作了《春秋》。我认为，《三字经》中的"诗既亡，《春秋》作"，应当是来自《孟子》中的这句话。那么什么是圣王采诗的事情呢？原来，在周王朝强盛的时候，会经常派出一些官吏到各诸侯国考察民情，把各地的诗歌抄录后送到朝廷，以帮助周王了解民情。《诗经》正是从这些抄送朝廷的诗歌中编选出来的。然而，到了春秋时期，周王的影响力越来越小，诸侯国的实力则越来越强，因此，朝廷便不再派官吏到各诸侯国采集诗歌。这便是"诗既亡"一句的真实含义。

至于"诗亡然后《春秋》作"，是指孔子晚年回到鲁国后，以授徒著书为事，为了表达自己的道德理想和治国理念，他就对鲁国史官所编的《春秋》进行了整理修订，写成了新的《春秋》，起自鲁隐公元年（公元前722年），止于鲁哀公十四年（公元前481年），共计二百四十二年。《春秋》总计不到两万字，在字里行间反映了孔子对历史事件和历史人物的态度，如当发生儿子杀父亲、臣子杀君主的事件时，孔子便会用"弑（shì）"而不用"杀"，以反映他对此类事件深恶痛绝。这种做法，后世也称为"春秋笔法"。

▲ 删述六经图，描绘了孔子编写《春秋》等六经的情形。选自明代的《孔子圣迹图》

三传①者，有《公羊》②，
有《左氏》③，有《穀（gǔ）梁》④。

【注释】

①传：阐释经文的著作。 ②《公羊》：即《公羊传》，也叫《春秋公羊传》《公羊春秋》。相传由战国时期的公羊高所撰，到汉初才成书。着重阐述《春秋》中的道理，史料记载较简略。 ③《左氏》：即《左传》，也叫《春秋左氏传》《左氏春秋》。相传由春秋时期的左丘明所撰。书中保存了大量古代史料，文字优美。 ④《穀梁》：即《穀梁传》，也叫《春秋穀梁传》《穀梁春秋》。相传由战国时期的穀梁赤所撰，到西汉时才成书。体例与《春秋公羊传》相近。

【译文】

《春秋》有三种传，分别是《公羊传》《左传》和《穀梁传》。

【导读＋图说】

▲ 左丘明像

本段讲述了《春秋》的三种传。在《春秋》三传中，影响最大的是《左传》。《左传》相传是春秋时的左丘明所撰。左丘明是鲁国人，双目失明，曾任鲁国的太史。不过，目前学界对左丘明作《左传》多持否定态度，有人认为《左传》是战国初年时的人根据各国史料编成的。《春秋》的三种传各有特点，其中《左传》侧重用历史事实解释《春秋》，《公羊传》和《穀梁传》则侧重从义理的角度去解释《春秋》。

经①既明，方②读子③。
撮④其要⑤，记其事。

【注释】

①经：指儒家经典。 ②方：才。 ③子：诸子百家的著作。

【译文】

上面讲的经书都读懂了之后，才去读诸子百家的著

④撮：选取；摘取（要点）。
⑤要：值得引起重视的内容。

作。读这些书时，要注意抓住重点，记住其中所述的事情。

【导读】

读完了四书五经，接下来该读什么书呢？《三字经》的作者说，接下来要读诸子百家的书。所谓诸子百家，指的是从先秦到汉初形成的各个学派。说到诸子百家，最值得一提的是发生在战国时期的百家争鸣。当时，由于社会动荡，列国纷争，代表社会上各阶层、各集团利益的思想家纷纷著书立说，形成了儒、道、墨、法、名、阴阳、纵横、农等各家，它们在宣传自己思想的同时，又批评其他各派思想的错误，从而形成了相互争鸣的局面。其中儒家主张仁义，要求以德治国；法家主张以法治国；道家追求清静无为；墨家主张节俭，反对战争；名家注重对事物概念的研究；等等。百家争鸣极大地推动了中国学术文化的发展，百家思想的深刻性和系统性，常常令现代学者叹为观止。

但是，诸子百家的著作实在是太多了，要想一本不少地读下来并记住，是极难的事，所以《三字经》说只要"撮其要，记其事"即掌握其中的重点就可以了。

五子①者，有荀②扬③，
文中子④，及老⑤庄⑥。

【注释】

①子：古代对男子的美称或尊称。　②荀：荀子，名况，字卿，战国末期儒家代表人物之一，著有《荀子》一书。　③扬：扬雄，西汉时期的著名学者，代表作有《法言》《太玄》等。　④文中子：即王通，隋朝大儒，门人私谥（shì）为"文中子"。著作有《中说》，也叫《文中子》。　⑤老：老子，姓李，名耳，也叫老聃（dān），道家学派创始人。代表作为《老子》。　⑥庄：庄子，名周，道家学派代表人物。思想保存在《庄子》一书中。

【译文】

有五位重要的思想家，分别是荀子、扬雄、王通、老子和庄子。

▲ 扬雄像

【导读＋图说】

本段列举了中国历史上五位著名的思想家。中国历史上著名的思想家很多，那么《三字经》的作者在此为什么会列举上述五位呢？

在上述五子中，荀子是儒家思想的代表人物，老子、庄子是道家思想的代表人物，因此，列举这三个人，很容易理解；令人费解的是列举了扬雄和王通，因为历代思想家中比他俩名声大的人有的是，如孟子、韩非子、墨子等等，作者为什么会列举这两个人呢？

仔细考察扬雄这个人，我们发现，扬雄确实不是等闲人物，他早年好作辞赋，文名远扬；后来研究哲学，仿《论语》作《法言》，仿《周易》作《太玄》，绝非一般人所能做到，而且，著名史学家司马光曾把《法言》与《孟子》《荀子》相提并论。只是后来朱熹（xī）抨击扬雄阿（ē）附王莽，扬雄的地位才一落千丈。同样，文中子王通在历史上的地位也非同小可。隋朝时，王通在家乡讲学，弟子有一千多人，后来任唐朝宰相的魏征，就是他的学生。他的弟子对他评价很高，有的称他为至人，即道德修养达到顶点的人，有的甚至称他为“王孔子”。由此可见，中国文化真是博大精深，历史上名人辈出，随便举出几个人来，都能让你敬佩不已。

经子①通②，读诸史③。
考④世系⑤，知终始⑥。

【注释】

①经子：儒家经典与诸子百家著作。②通：懂得；了解。③诸史：各种历史著作。④考：探求；研究。

【译文】

通晓了儒家经典和诸子百家著作之后，就可以读各种历史著作

⑤世系：家族世代相传的系统。 ⑥终始：指朝代的兴衰始末。

了。要从中探求家族世代相传的系统，弄清各个朝代的兴衰始末。

【导读】

从本段开始，《三字经》讲述了从远古的三皇时期至清末长达数千年的历史。《三字经》共1140字（不同版本的字数稍有出入），而讲述历史的文字就有336字，占全文的百分之三十，可见《三字经》的作者对历史是极为重视的。

本段文字指出，只有在通晓四书五经、诸子百家著作的基础上，才可以阅读历史著作。这是因为，阅读历史著作的目的不是看故事，瞧热闹，而是要“考世系，知终始”，即探求各个家族世代相传的系统，弄清各个朝代的兴衰始末；而要达到这一目的，就必须有正确的历史观，有辨别是非好坏的本领；而这样的本领，则只有通过学习四书五经和诸子百家的著作才能获得。

自羲①农②，至黄帝③，
号④三皇⑤，居⑥上世⑦。

【注释】

①羲：伏羲，我国历史上传说中的人物，据传他教民结网，从事渔猎畜牧，又始作八卦（guà）。也叫庖牺、庖羲。 ②农：神农，我国古代传说中农业和医药的发明者。相传他教人耕种，并亲尝百草，用草药给人治病。 ③黄帝：传说中我国中原各族的共同祖先。有关史籍称他是少典之子，姓公孙，因居姬（jī）水，所以改姓姬。号轩辕氏。他在阪（bǎn）泉打败炎帝，又在涿鹿之野斩杀蚩（chī）尤。因他以土为德，土为黄色，所以称黄帝。 ④号：称。 ⑤三皇：传说中远古时代的三位帝王。 ⑥居：处于。 ⑦上世：远古时代。

【译文】

从伏羲、神农到黄帝，被称为“三皇”，他们生活在远古时代。

国学经典规范读本

【导读 + 图说】

本段讲述了“三皇”即中国远古时代的三位帝王。“三皇”的说法最早见于《吕氏春秋》等著作，然而，关于“三皇”究竟指的是哪三位帝王，则众说纷纭。一说指天皇、地皇和人皇，一说指伏羲、女娲（wā）和神农，一说指燧（suì）人、伏羲和神农，一说指伏羲、神农和黄帝，等等。《三字经》采用的是最后一种说法。

伏羲、神农和黄帝都是传说中大名鼎鼎的人物。伏羲以发明八卦著称，神农以发明农业和医药著称，黄帝则是中华民族共同的祖先，中国人都被称为炎黄子孙。《三字经》从“三皇”开始，揭开了介绍中国历史的篇章。

◀ 黄帝像，绘于明代

唐①有虞②，号③二帝。
相揖（yī）逊④，称盛世。

【注释】

①唐：唐尧，传说中父系氏族社会后期的部落联盟首领，号陶唐氏，名放勋。传说他设官制定历法，选择舜为继承人，并把帝位传给舜。

②有虞：虞舜，传说中父系氏族社会后期的部落联盟首领，姓姚，号有虞氏，名重华。尧去世后继位，后又把帝位传给了禹。

③号：称。

④揖逊：禅（shàn）让，把帝位让给别人。

【译文】

唐尧和虞舜，被称为“二帝”。尧把帝位让给了舜，那段时期被称为太平盛世。

【导读+图说】

本段讲述了尧把帝位让给舜的故事。

本段中值得我们注意的有两个方面，一是“二帝”，二是“揖逊”。

“二帝”的说法，当与“五帝”的说法有关。说到中国上古史，大家马上就会想到“三皇五帝”。“三皇”在上一段已经讲了，在此我们讲一讲“五帝”。“五帝”的说法最早见于《荀子·非相》，它指的是三皇之后、夏朝以前的五位帝王。然而，关于这五位帝王的具体姓名，各种典籍中却有不同的说法。有的说“五帝”是指黄帝、颛顼(zhuānxū)、帝喾(kù)、唐尧和虞舜，有的说指太皞(hào)、炎帝、黄帝、少皞和颛顼，有的说指黄帝、少皞、帝喾、帝挚和帝尧，等等。不过，影响较大的是第一种说法。据此，我们知道，唐尧和虞舜正是“五帝”中的两位帝王，所以称为“二帝”。

“揖逊”即禅让，指帝王把帝位传给贤能的人，而不是传给自己的子孙。传说唐尧就是把帝位传给了以孝闻名的舜，而没有传给自己的儿子；舜也是把帝位传给了以治水闻名的禹，而没有传给自己的儿子。不过，也有一种说法，称尧并没有主动把帝位传给舜，而是舜夺了他的帝位；舜也没有把帝位传给禹，而是禹夺了舜的帝位。当然，这些都属于传说，大家姑妄听之。

不过，众多儒家学者却对尧舜禅让之事深信不疑，并把它视作中国政治的黄金时期。因为儒家提倡

▲ 帝尧像，选自清代的《历代帝王像真迹》

▲ 四岳举舜图，描绘了四岳向尧推荐舜的情形。选自清代的《钦定书经图说》

▲ 虞舜孝行感天图，描绘了尧与舜相见的情形。清代王素绘

以德治国，把道德看作最高的标准，因此，让品德高尚的人担任帝王，一直是他们心目中的理想。

夏①有禹②，商③有汤④，
周文武⑤，称三王。

【注释】

①夏：我国历史上第一个朝代，约公元前2070—前1600年，传说由禹（一说禹的儿子启）建立。

②禹：传说中古代部落联盟首领，也叫大禹、夏禹，姓姒（sì），名文命。曾奉舜的命令治理洪水。舜把帝位传给了禹。　③商：朝代名。公元前1600—前1046年，汤灭夏朝后所建。　④汤：商朝的建立者，又称武汤、成汤、商汤等。　⑤周文武：周文王和周武王。周文王是商末周族首领，姓姬（jī），名昌。周武王是周王朝的建立者，周文王的儿子，姓姬，名发，他于公元前1046年率兵推翻了商朝。

【译文】

夏朝的大禹、商朝的商汤和周朝的周文王、周武王，被人们称为“三王”。

【导读+图说】

本段讲述了"三王"即三个王，事实上却讲了四个王，就是大禹、商汤、周文王和周武王。这四个人在中国历史上都是了不起的人物。

大禹的功绩是治理洪水。尧舜时期，洪水滔天，百姓深受其苦。舜命令大禹的父亲鲧(gǔn)去治水，鲧采用堵塞的办法，哪里有洪水，就在哪里筑坝，结果水患越来越严重。后来，舜处死了鲧，再命禹去治水。大禹采用疏导的办法，把洪水都引到了大海里，终于治好了水患，大禹也因此被舜选为接班人。

商汤是商王朝的建立者，他本是商族领袖。当时，夏朝统治者夏桀(jié)荒淫无道，商汤任用伊尹等贤人，对内实施仁政，对外实行兼并政策，不断积蓄力量，最终推翻了夏朝。

周文王的功劳是施德于民，任用贤能的姜子牙，为推翻商纣(zhòu)王的残暴统

▲ 大禹像，宋代马麟绘

▼ 大禹治水图，清代弘旿(wǔ)绘

治打下了基础。周武王的功劳是率领诸侯联军推翻了商王朝，建立了周朝。

夏商周是中国历史上最早的朝代，在当时创造了辉煌的文化，如文字、音乐、历法、金属冶炼技术等都是在当时产生并发展完善起来的。后世的文化创造、政治制度设计等大多直接从夏商周三代继承而来，因此，建立这三个朝代的帝王当然是值得人们称道和纪念的。

夏传子①，家天下②。
四百载③，迁④夏社⑤。

【注释】

①夏传子：夏禹把王位传给儿子。
②家天下：天下为一个家族所拥有。
③载：年。 ④迁：改变。 ⑤社：祭祀(jìsì)土地神的地方，这里代指国家政权。

【译文】

从夏禹开始实行把王位传给儿子的做法，使天下为一个家族所拥有。过了四百年，夏朝灭亡了。

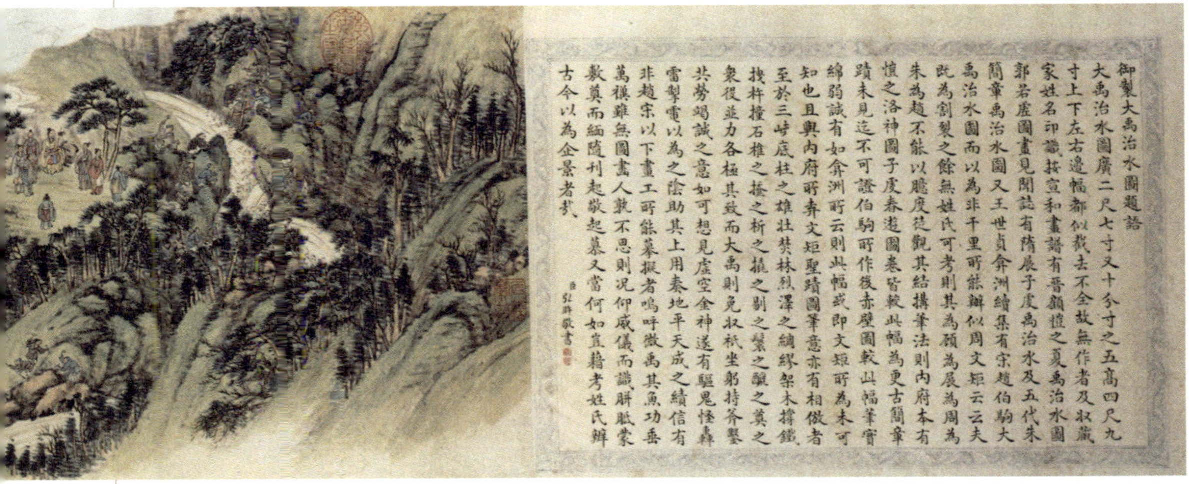

【导读＋图说】

本段讲述了夏朝帝王继承制的特点及夏朝在历史上存在的时间。

根据儒家传统的说法，在夏朝建立以前，统治者实行的是禅(shàn)让制，只有最贤德的人，才有资格担任最高统治者。然而，到了大禹时，这一做法被破坏了，大禹死后，他的儿子启继承了王位；而且，启把王位又传给了自己的儿子。因为规定了最高统治者只能由儿子来继任，这样，天下就仿佛成了一个家族的私有财产，所以称为“家天下”。

▲ 夏王启像

关于“夏传子”是怎样开始的，有不同的说法。一种说法是大禹选择了贤能的伯益来当自己的继承人，并没有想把帝位传给自己的儿子启，只是后来大禹死后，文武大臣都愿意服从启，而不愿意服从伯益，所以才由启继承了帝位。一种说法则认为，大禹一开始就想把帝位传给启，他选伯益当继承人不过是做做样子，因为他把朝中的大臣都换成了启的亲信和好友，所以他们才会在大禹死后奉启为帝王。至于真实情况如何，还有待确切的资料。

夏朝从约公元前2070年建立，至公元前1600年夏桀(jié)当帝王时被商汤所灭，历时四百多年。

汤①伐②夏③，国号④商⑤。
六百载⑥，至纣(zhòu)⑦亡。

【注释】

①汤：商汤，商朝的建立者。 ②伐：征讨；攻打。 ③夏：指夏桀(jié)，名履癸，夏朝的最后一个统治者，以残暴荒淫闻名。 ④国号：国家或朝代的称号。 ⑤商：朝代名。公元前1600—前1046年，汤灭夏朝后所建。 ⑥载：年。 ⑦纣：商纣王，也称帝辛，商朝的最后一个统治者，是历史上著名的暴君。

【译文】

商汤打败夏桀，建立了商朝。商朝历时六百年，到商纣王统治时灭亡。

▲ 商汤像，选自清代的《历代帝王像真迹》

▲ 商汤伐夏桀图，选自清代的《钦定补绘萧云从〈离骚〉全图》

【导读＋图说】

本段讲述了商朝的建立及灭亡。

夏桀当了夏朝的统治者后，荒淫无道，宠幸一个名叫妹（mò）喜的女子，沉迷于享乐，诛杀忠良，残酷镇压百姓。当时的商是黄河下游的一个部落，首领名叫汤。汤看到夏桀残暴，便决心推翻夏桀的统治。为此，他任用贤能的伊尹，树立仁义的名声。例如，商汤有一次外出，看见有人四面张网，口中祝告说：希望天上飞的，地上跑的，所有的飞禽走兽都能进入我的网中。商汤说：这么一来，天下的飞禽走兽不就要灭绝了吗！因此，他让那个人收起三面网，只留其中的一面网。这就是成语“网开一面”的来历，此事为商汤赢得了很好的名声。

与此同时，商汤还利用一些正当的理由，攻取了附近的一些部落，使自己的实力不断增强。当一切都准备就绪以后，商汤便率军向夏桀进攻，并最终打败了夏桀，建立了商朝。

商朝自公元前1600年建立，到公元前1046年灭亡，共经历了五百多年的时间。《三字经》中所说的“六百载”，只是一个约数。商朝在商纣王时灭亡，关于商纣王，则将在下一段展开介绍。

周武王[1]，始诛[2]纣（zhòu）[3]。
八百载[4]，最长久。

【注释】

①周武王：周王朝的建立者，周文王的儿子，姓姬（jī），名发。 ②诛：杀死（有罪的人）。 ③纣：商纣王，也称帝辛，商朝的最后一个统治者，是历史上著名的暴君。 ④载：年。

【译文】

周武王诛杀了商纣王。周朝历时八百年，是历史上统治时间最长的朝代。

【导读＋图说】

本段讲述了周朝的建立，并指出周朝是中国历史上存在时间最长的朝代。

周朝是推翻商朝后建立起来的。商朝的最后一位统治者是商纣王，商纣王为人残暴，贪图享受。例如，他为了镇压反对他的人，制作了一种名叫炮烙（páoluò）的酷刑：用火把一根铜柱烧红，让“有罪”的人光脚在铜柱上行走。谁能在烧红的铜柱上立住脚呢？结果一个个都掉到火里被烧死。他还让人开挖一个大池子，把大量的酒倒在池子里，称为酒池；他又把众多的肉挂起来，好像树林一样，称为肉林。商纣王就在酒池肉林中与宫人通宵达旦地寻欢作乐。这些做法，让商纣王人心失尽，众叛亲离。

▲ 周武王伐纣图，选自清代的《钦定补绘萧云从〈离骚〉全图》

当时，在中国西部，有一个叫作周的部落，正变得越

▲ 周武王像，选自清代的《历代帝王像真迹》

来越强大。周部落的统治者是周文王，他任用贤人，发展农业，兼并周边的一些部落，使周的实力渐渐可与商相抗衡。周文王看到商纣王暴虐，决心推翻商朝。但是，志向还未实现，周文王就死了。周文王的儿子周武王继位后，决心继承父亲的遗志。他在军师姜太公、弟弟周公等人的支持下，率军向商朝的首都朝（zhāo）歌挺进。商纣王发兵迎战，然而，由于商朝军队阵前倒戈，纷纷支持周武王向商纣王进攻，商纣王只好跳入火中自杀了。于是，商朝灭亡，周朝建立。

周朝自公元前1046年建立后，一直到公元前256年才灭亡，历时近八百年，是中国历史上统治时间最长的朝代，所以《三字经》称它“最长久”。

周辙（zhé）东①，王纲②坠③。
逞④干戈⑤，尚⑥游说（shuì）⑦。

【注释】

①周辙东：指周平王把国都从镐（hào）京（故址在今陕西长安西北）向东迁至洛邑（yì，今河南洛阳）。辙：行车的方向、路线。 ②王纲：王朝的法纪、秩序。 ③坠：失去。 ④逞：显示；炫耀。 ⑤干戈：盾牌和戈，泛指武器。干：古代指盾牌。 ⑥尚：崇尚。 ⑦游说：谋士、说客劝说君主接受自己的主张。

【译文】

周平王把首都东迁到洛邑，周王朝从此失去了法纪和秩序。各诸侯国纷纷炫耀武力，谋士说客们则崇尚游说。

【导读＋图说】

本段讲述周朝自从周平王迁都到洛邑，中央政府就失去了对各诸侯国的控制，从此天下大乱，人们炫耀武力，运用计谋，互相争权夺利。

周平王东迁之事发生在公元前770年。据《史记·周本纪》载，褒姒（sì）是周幽王的一个妃子，长得如花似玉，深得周幽王的宠爱。但褒姒却整天板着脸，不露一丝笑容。为博美人一笑，周幽王便带着褒姒来到烽火台，命人点起了战时报警用的烽火。各路诸侯以为有敌人入侵，立即率兵赶到都城，谁知竟是一场闹剧。而站在城楼上的褒姒看到将士们紧张忙碌的样子，禁不住大笑起来。从此，周幽王常用这个法子逗美人一笑。后来，北方的少数民族犬戎进犯都城，周幽王命人点起烽火报警，而诸侯们以为只是周幽王在取乐而已，都按兵不动。结果都城被攻破，周幽王被杀。周幽王死后，人们立太子姬（jī）宜臼为天子，这就是周平王。因为当时的首都镐京经常受到犬戎的骚扰，周平王为了安全起见，就把首都向东迁到了洛邑。

周朝自从周平王东迁以后，实力地位大大下降；相反，诸侯国的势力则越来越强，于是就不再把中央政府放在眼里，周平王的

▲ 周幽王烽火戏诸侯图，选自清代的天津杨柳青年画

话也没有多少人听了，所以说“王纲坠”。由于天下失去了权威，各诸侯国间为了解决纷争，往往兵戎相见，经常发生战争；而一些知识分子也趁着天下大乱，凭三寸不烂之舌，向各国国君献计献策，这就是所谓的“逞干戈，尚游说”。

▲ 修捍于艰图，描绘了周平王迁都的情形。选自清代的《钦定书经图说》

始春秋①，终战国②。
五霸③强，七雄④出。

【注释】

①春秋：我国历史上的一个时代，从公元前770年至公元前476年。

②战国：我国历史上的一个时代，从公元前475年至公元前221年。

③五霸：春秋时期先后称霸的五个诸侯。有不同的说法，一说指齐桓公、宋襄公、晋文公、秦穆公、楚庄王，一说指齐桓公、晋文公、秦穆公、楚庄王、吴王阖(hé)闾，等等。

④七雄：战国时期的七个强国，分别是齐、楚、燕、韩、赵、魏、秦。

【译文】

东周时期从春秋开始，到战国结束。春秋时期有五位国君先后称霸，战国时期有七个国家并列称雄。

【导读】

本段讲述了春秋战国的历史。

从周平王东迁，中国历史就进入了东周时期。东周与西周的划分以首都的所在地为依据，镐(hào)京位于洛邑(yì)的西边，所以称西周；洛邑位于镐京的东边，所以称东周。

东周又分为春秋和战国两个时期。春秋时期的说法是依据《春秋》一书，因为《春秋》记述了从周平王四十九年（公元前722年）到周敬王三十九年（公元前481年）共242年的历史，所以历史上称这一时期为春秋时期，与我们现在把公元前770年到公元前476年称为春秋时期在时间上稍有出入。

战国时期始于周元王元年（公元前475年），至公元前221年秦始皇统一中国结束，因为当时秦、楚、燕、赵、韩、魏、齐七个国家连年征战，所以称为战国。

春秋战国时期，中国的文化空前繁荣，许多文化名人如老子、庄子、孔子、孟子、孙子等都处于这一时期，诸多不朽经典如《论语》《老子》《庄子》《孙子兵法》等也成书于这一时期。俗话说“乱世出英雄”，那是因为乱世时期，没有了条条框框，人的天性、人的创造力可以充分发挥出来，当然，代价也是十分惨重的。

嬴（yíng）秦氏①，始兼并②。
传二世③，楚④汉⑤争。

【注释】

①嬴秦氏：指秦王嬴政，即后来的秦始皇。因秦国国君姓嬴，所以也称秦国为嬴秦。
②兼并：把别的国家的领土并入自己的国家。
③二世：即秦二世胡亥，秦朝的第二代皇帝，秦始皇的小儿子。
④楚：楚霸王项羽，秦末农民起义领袖。秦朝灭亡后，自立为西楚霸王。在与刘邦争夺天下的战争中失败，自刎（wěn）而死。
⑤汉：汉王刘邦，即后来的汉高祖，西汉王朝的建立者。

【译文】

秦王嬴政吞并其他六个诸侯国，统一了天下。秦始皇的帝位传到秦二世，秦朝就灭亡了。之后，西楚霸王项羽和汉王刘邦开始争夺天下。

【导读＋图说】

本段讲述了秦灭六国统一天下及秦朝灭亡后楚汉相争的历史。

▲ 秦始皇石刻像

秦王嬴政于公元前246年继位，当时他才13岁。嬴政喜爱韩非的法家思想，实行积极向外扩张的政策。从公元前230年开始，秦国吞并韩国，之后在十年时间内，消灭了赵、楚、齐等五国，于公元前221年统一中国。

嬴政统一中国后，自称始皇帝，统一了度量衡和文字，修筑万里长城，为中华民族的文化发展作出了不少贡献。但是，秦始皇在位期间，采用严酷的刑法治国，并焚书坑儒，使人们敢怒而不敢言。秦始皇死后，胡亥以阴谋手段取得帝位，之后宠信太监赵高，荒淫无耻，致使民怨沸腾。公元前209年，陈胜、吴广在大泽乡发动起义，之后全国各地纷纷响应，并很快推翻了秦朝的统治。

秦朝灭亡后，西楚霸王项羽与汉王刘邦又开始了争夺天下的战争，战争进行得非常残酷。现在中国象棋的棋盘上通常写有“楚河”“汉界”的字样，就是受当时楚汉相争的历史的影响。

高祖①兴②，汉③业建。
至孝平④，王莽⑤篡⑥。

【注释】

①高祖：汉高祖刘邦，西汉王朝的建立者。

②兴：兴起。 ③汉：朝代名。公元前206—公元220年，刘邦所建。分为西汉和东汉。

④孝平：即汉平帝，9岁登基，14岁时被王莽

【译文】

汉高祖刘邦兴起，建立了汉朝。到了汉平帝的

毒死。 ⑤王莽：新王朝的建立者，字巨君。汉元帝皇后之侄，于公元8年称帝。公元23年，绿林军攻入长安时被杀。 ⑥篡：篡位。

时候，王莽篡夺了帝位。

【导读+图说】

本段讲述了西汉从建立到灭亡的历史。

秦朝灭亡后，项羽把许多起义军的首领封到各地为王，如把刘邦封到偏远的巴蜀地区为汉王，他自封为西楚霸王等。刘邦对项羽的做法极为不满，便积蓄力量，准备与项羽争夺天下。

▲ 刘邦像，选自清代的《历代帝王像真迹》

公元前206年，刘邦起兵攻打项羽。之后，双方多次交战，互有胜负，但项羽一直占据上风。到了公元前202年，项羽的军队在垓（gāi）下被刘邦重重围困，项羽见大势已去，便拔剑自杀了。之后刘邦便统一了全国。

西汉王朝建立后，经过文景之治，汉武帝北击匈奴，中华民族进入了兴盛时期，我们现在说的汉唐盛世，就包括这一历史时期。然而，西汉政权传到汉平帝时，出了一个大奸臣王莽，他是汉元帝皇后的侄子，以外戚的身份掌握了汉朝的大权。他采用虚伪的做法博取名声，最终毒死了少年皇帝汉平帝，废掉了继立的小皇帝刘婴，自己做了皇帝，并把朝代的名称改为新朝，西汉灭亡。

光武①兴②，为东汉③。
四百年，终于献④。

【注释】

①光武：指光武帝刘秀，东汉王朝的建立者。 ②兴：兴起。 ③东汉：朝代

【译文】

光武帝刘秀兴起，恢复了汉朝，这

名。公元25—220年，刘秀所建。建都洛阳。也叫后汉。 ④献：汉献帝刘协，东汉的末代皇帝。

就是东汉。西汉和东汉一共四百多年，到汉献帝时灭亡。

【导读＋图说】

本段讲述西汉灭亡后，光武帝刘秀恢复了汉朝，之后一直到汉献帝时，汉朝才最终灭亡，历时四百多年。

王莽建立新朝后，采取了一系列不切实际的改革措施，搞得民不聊生，民怨沸腾。到公元17年，终于爆发了绿林起义。后来，起义军的规模越来越大，到了公元23年，绿林军攻入长安，杀死了王莽，新朝灭亡。

当时，刘秀也是起义队伍中的一员，由于他勇敢善战，富于谋略，很快就脱颖而出，成了起义军的核心人物。公元25年，刘秀称帝，宣布恢复汉朝，史称东汉。

东汉的统治经过了一段兴盛时期，但到了汉灵帝时，朝政腐败，人民生活得十分痛苦。公元184年，爆发了大规模的农民起义。这次农民起义的首领名叫张角，他让参加起义的人头戴黄巾，

▲ 汉光武赐封褒德图，描绘了光武帝刘秀封赏大臣的情形。绘于清代

所以起义军又称黄巾军。黄巾起义坚持了二十多年，虽然最终被镇压下去，但是东汉统治也已摇摇欲坠。

在镇压黄巾起义的过程中，一些地方军阀的势力越来越大，如袁绍、曹操、刘备等人就是在当时崛起的。

汉灵帝死后，汉少帝刘辩即位，但不到一年就被把持朝政的董卓毒死。刘辩死后，汉献帝刘协继位，但此时的皇帝已无实权，而且经常四处流浪。公元196年，曹操把汉献帝迎到许都，开始借皇帝的名义向四方发号施令，这就是所谓的“挟天子以令诸侯”。

到了公元220年，曹操之子曹丕逼迫汉献帝让出皇帝之位，东汉灭亡。从公元前206年西汉建立，到公元220年东汉灭亡，汉朝历时四百二十多年。

魏①蜀②吴③，争汉鼎④，
号⑤三国，迄⑥两晋⑦。

【注释】

①魏：三国之一。公元220—265年，曹丕所建。包括今黄河流域甘肃等省和湖北、安徽、江苏北部及辽宁中部。 ②蜀：三国之一。公元221—263年，刘备所建。在今四川东部、重庆市和云南、贵州北部以及陕西汉中一带。史称蜀汉。 ③吴：三国之一。公元222—280年，孙权所建。在长江中下游和东南沿海一带。 ④汉鼎：指汉朝天下。鼎：象征国家政权。 ⑤号：称。 ⑥迄：到。 ⑦两晋：西晋与东晋。西晋（公元265—317年）由司马炎所建，建都洛阳。东晋（公元317—420年）由司马睿（ruì）所建，建都建康（今南京）。

【译文】

魏国、蜀国和吴国争夺汉朝天下，称为三国，之后便到了西晋和东晋。

【导读＋图说】

本段讲述了从三国到两晋的历史。

东汉灭亡后，出现了群雄逐鹿的局面。经过一番争斗，建立了魏、蜀、吴三个国家。其中魏国居于中国的北方，势力最大，由曹操

▲ 曹操像，绘于明代

奠定基础，由曹操的儿子曹丕于公元220年宣布建立。蜀国位于中国的西南，由刘备于公元221年宣布建立。吴国位于中国的东南，由孙权在公元222年宣布建立。

三国建立后，各国间经常互相攻伐，有时候则两个国家联合起来对付另一个国家，如吴国与蜀国就一度联合起来抗击魏国。到了公元263年，蜀国被魏国所灭。公元265年，魏国的司马炎篡夺了皇帝之位，建立晋朝，定都洛阳，史称西晋。到了公元280年，吴国被晋朝所灭，天下自此统一。

然而，好景不长，到了公元4世纪初，由于皇帝无能，各地诸侯争权夺利，北方的匈奴、鲜卑等少数民族乘机进攻中原。公元317年，晋朝皇帝司马邺（yè）投降当时的汉主刘聪后被杀，西晋灭亡。

西晋灭亡后，一部分渡过长江的原西晋贵族拥立司马睿为皇帝，于公元317年在建康（今江苏南京）重建政权，史称东晋。这就是从三国到两晋一百多年的历史。生活在这一历史时期的人民极其痛苦，因为长期战乱，人们流离失所，全国人口急剧下降。据历史学家统计，东汉末年发生战乱以前，全国人口达到六千万，而三国时期的人口总共只有一千万左右，由此可见战争的残酷程度。

宋①齐②继，梁③陈④承，
为南朝⑤，都⑥金陵⑦。

【注释】

①宋：朝代名。南朝之一，公元420—479年，刘裕所建。史称刘宋。 ②齐：朝代名。南朝之一，公元479—502年，萧道成所建。史称南齐。 ③梁：朝代名。南朝之一，公元502—557年，萧衍所建。史称萧梁。 ④陈：朝代名。南朝之

【译文】

东晋灭亡后，相继出现了刘宋、南齐两个朝代，之后是梁和

一，公元557—589年，陈霸先所建。 ⑤南朝：公元420—589年，宋、齐（南齐）、梁、陈四朝先后在我国南方建立政权，称为南朝。 ⑥都：建都；定都。 ⑦金陵：今江苏南京市。

陈相承接，这在历史上称为南朝，这四个朝代都以金陵为首都。

【导读+图说】

本段讲述了南朝所包括的四个朝代及它们的首都所在地。

公元420年，东晋灭亡后，我国历史进入了南北朝时期。本段先讲南朝。公元420年，东晋大将军刘裕逼迫晋恭帝退位，自称皇帝，建立宋朝。公元479年，宋朝的禁军首领萧道成逼迫宋顺帝退位，建立齐朝，史称南齐或萧齐。公元502年，萧衍逼迫齐和帝退位，建立梁朝，史称南梁或萧梁。公元557年，梁朝大将陈霸先废除梁朝皇帝，建立了陈朝。以上四个朝代在我国南方相继建立，史称南朝。

南朝的四个朝代都以金陵为首都。金陵即今天的南京市，它在春秋时期本属于吴国的领土，但那时并不叫金陵。后来，金陵并入楚国版图。楚威王时，楚国军力强大，曾大败齐国和越国，领土扩展至今浙江一带。据传楚威王为了统治的稳定，曾在公元前333年灭越后埋金属于此地以镇之，所以才有金陵的名称。

▲ 金陵八景图（之一），明代郭存仁绘

北①元魏②，分东西③，
宇文周④，与高齐⑤。

【注释】

①北：指北朝。公元4世纪末至6世纪初，北魏、东魏、西魏、北齐、北周先后在我国北方立国，历史上总称北朝，与南朝相对。②元魏：即北魏，朝代名。北朝之一，公元386—534年，鲜卑人拓跋珪所建。后来孝文帝迁都洛阳，改姓"元"，所以北魏也称元魏。③分东西：指北魏于公元534年分裂为东魏和西魏。④宇文周：即北周，朝代名。北朝之一，公元557—581年，鲜卑人宇文觉所建。因皇帝姓宇文，所以也叫宇文周。⑤高齐：即北齐，朝代名。北朝之一，公元550—577年，高洋所建。因皇帝姓高，所以也叫高齐。

【译文】

北朝先有北魏，后来分裂为东魏和西魏，宇文氏代西魏建立北周，高洋代东魏建立了北齐。

【导读】

本段讲述了北朝包括的五个朝代。

公元317年，西晋灭亡后，北方地区先后出现了不少政权，如前赵、后赵、前秦等。到了公元386年，鲜卑族拓跋珪建立魏国，史称北魏。北魏后期，朝政混乱，实权落在了大将高欢和宇文泰手里。公元534年，北魏孝武帝因不愿受高欢挟制而从首都洛阳逃往关中投靠宇文泰，高欢另立元善见为帝，迁都邺（yè，今河北临漳西南），史称东魏。孝武帝投靠宇文泰后，被宇文泰毒死。公元535年，宇文泰立元宝炬为帝，建都长安（今西安），史称西魏。

这里值得一提的是北魏孝文帝把自己由姓拓跋改为姓元的故事。公元471年，孝文帝拓跋宏继位，当时朝政腐败，为了改变现状，孝文帝采取了一系列的改革措施。改革的核心是更好地吸收中原文化，改变鲜卑族中一些落后的风俗。首先，孝文帝把首都从平城（今山西大同市东北）迁到了洛阳；其次，规定朝中官员必须说汉语；第三，规定鲜卑人要穿汉族服装；第四，鼓励鲜卑人与汉人通婚；第五就是改用汉人的姓，把拓跋改为元，孝文帝也由拓跋宏改成了元宏。孝文帝的这一系列改革措施，促进了鲜卑族与汉族的融合，也使北魏的政治经济有了长足的发展。

公元556年，西魏恭帝退位。第二年，宇文觉称帝，国号周，史称北周，也叫宇文周。公元550年，高洋代东魏称帝，国号齐，史称北齐，也叫高齐。公元577年，北齐为北周所灭。因此，北朝共包括北魏、东魏、西魏、北齐、北周五个朝代。

迨（dài）①至隋②，一③土宇④。
不再传⑤，失统绪⑥。

【注释】

①迨：等到。　②隋：朝代名。公元581—618年，杨坚所建。　③一：统一。　④土宇：疆土；国土。　⑤再传：传续两次。　⑥统绪：指皇室世系。

【译文】

到了隋朝，国家才实现了统一。但是隋朝的帝位只传了一代，就不再往下传了。

【导读＋图说】

本段讲述了隋朝从建立到灭亡的历史。

北朝的最后一个朝代是北周。公元581年，杨坚（即隋文帝）废北周的周静帝自立，建立隋朝。公元589年，隋文帝发兵消灭了与隋对峙的南方政权陈朝，终于再一次统一了中国。

隋朝建立后，实施了一系列有利于经济发展和民生的措施，国家开始变得富强兴旺。然而，到了公元604年，太子杨广（即隋炀〔yáng〕帝）派人谋杀了隋文帝，自立为帝。杨广为人荒淫，追求享乐，好大喜功，使国力严重消耗，弄得民怨沸腾，各地民众纷纷起义。公元618年，隋炀帝被部下宇文化及等缢（yì）死，隋朝灭亡。

作为一个统一的国家，隋朝仅存在了三十多年，可谓一个短命的王朝。在中国历

▲ 隋炀帝像，选自唐代阎立本的《历代帝王图》

史上，同样短命的还有一个秦朝，秦朝从公元前221年至公元前206年，仅存在了十五年。这两个王朝之所以短命，有一个共同的特点，就是秦二世和隋炀帝都是荒淫无道的暴君，他们视百姓为草芥（jiè），把治国当儿戏，最终都被钉在了历史的耻辱柱上。

唐高祖①，起义师②，
除③隋④乱，创国基⑤。

【注释】
①唐高祖：即李渊，字叔德，唐朝开国皇帝。 ②义师：正义的军队。 ③除：消除。 ④隋：指隋朝，朝代名。公元581—618年，杨坚所建。 ⑤国基：国家的基业。

【译文】
唐高祖李渊率领正义的军队，消除了隋朝混乱的局面，创立了唐朝的基业。

▲ 唐高祖李渊像

【导读＋图说】
本段讲述了唐朝是怎样建立的。

杨广当了隋朝皇帝后，又是挖大运河，又是攻打高丽，搞得民不聊生，各地起义的队伍越来越多。公元617年，隋朝贵族、唐国公李渊被任命为太原留守，前往镇压起义队伍。当时，隋朝的统治已岌（jí）岌可危，李渊审时度势，听从儿子李世民的劝告，毅然起兵反隋。李渊称起义的士兵为“义士”，很快就召集了二十万大军，攻下了隋朝首都长安。公元618年，隋炀（yáng）帝杨广在江都被部下缢（yì）死，李渊便正式称帝，改国号为唐。

唐朝是中国历史上最强盛的朝代之一，当时的中国无论在政治、军事，还是经济、文化等方面，都是世界上最先进、最发达的。而唐朝正是唐高祖李渊建立的，因此，本段对此特别作了强调。

二十传①，三百载②，
梁③灭之④，国乃⑤改。

【注释】

①二十传：指唐朝一共有二十位皇帝。
②三百载：唐朝从公元618年建立，至公元907年灭亡，历时近三百年。载：年。
③梁：朝代名。五代之一，公元907—923年，朱温所建。史称后梁。 ④之：指唐朝。 ⑤乃：于是；就。

【译文】

唐朝一共传了二十位皇帝，历时近三百年，后梁的朱温灭掉唐朝后，朝代就改变了。

【导读＋图说】

本段讲述了唐朝在历史上存在的时间及其灭亡。

唐朝是中国历史上少有的盛世时期，值得我们称道的有唐太宗时的“贞观之治”和唐玄宗时的“开元盛世”。当时，社会经济十分发达，整体国力强盛，人们的道德修养也达到了较高的程度，有不少邻国都派人到唐朝来学习中国人成功的经验。现在在国外有不少“唐人街”，就与唐朝的强盛和巨大的影响力有关。但是，到了唐朝后期，由于朝政腐败，用人不当，尤其是受到安史之乱的影响，唐朝的国力大大削弱。到了公元875年，又爆发了规模巨大的黄巢农民起义。起义虽然最终被镇压了下去，但唐朝的中央政府也已名存实亡。

在镇压黄巢起义的过程中，一些地方割据势力的力量越来越大，其中最有实力的就是朱温。朱温出身贫困，曾参加黄巢起义，受到重用。后来，他投靠了唐王朝。公元907年，朱温废掉了唐朝末代皇帝昭宣帝，自立为帝，改国号为梁，建都汴（biàn，今河南开封）。至此，统治中国长达近三百年的唐朝就灭亡了。

▲ 朱温像，绘于清代

梁①唐②晋③，及汉④周⑤，称五代⑥，皆⑦有由⑧。

【注释】

①梁：朝代名。五代之一，公元907—923年，朱温所建。史称后梁。 ②唐：朝代名。五代之一，公元923—936年，李存勖（xù）所建。史称后唐。 ③晋：朝代名。五代之一，公元936—947年，石敬瑭（táng）所建。史称后晋。 ④汉：朝代名。五代之一，公元947—950年，刘知远所建。史称后汉。 ⑤周：朝代名。五代之一，公元951—960年，郭威所建。史称后周。 ⑥五代：唐以后后梁、后唐、后晋、后汉、后周五个先后在中原建立政权的朝代。 ⑦皆：都。 ⑧由：原因。

【译文】

后梁、后唐、后晋，以及后汉和后周，这五个朝代被称为五代，它们之间的更替都是有原因的。

【导读＋图说】

本段讲述了唐朝灭亡后五代的历史。

五代包括后梁、后唐、后汉、后晋和后周，之所以在朝代前都有一个“后”字，是因为这些朝代名在历史上都曾经出现过，加上个“后”字，以示区别。五代虽然包括五个朝代，但每个朝代的时间都不长，多则十几年，少则三四年。因此，五代也是中国历史上最为混乱的时期。五代的每个朝代之所以短暂，多与皇帝的荒淫残暴有密切的关系。

朱温篡唐，建立了后梁政权。但是，朱温为人残暴，嗜杀成性。公元912年，朱温被自己的儿子朱友珪（guī）杀死。朱友珪杀了朱温后，自立为帝，第二年，又被自己的弟弟朱友贞所杀。朱友贞当上皇帝后，与北方的晋王李存勖打了十来年仗。公元923年，李存勖灭了梁朝，统一了北方，改国号为唐。

李存勖当了皇帝后，以为天下从此太平，便开始肆无忌惮地追求享受。如有一次，他竟然把手下将士的妻子、女儿一千多人抢入后宫。李存勖的倒行逆施，造成各地将领纷纷造反。公元926年，李存勖被亲军指挥使郭从谦杀死。

李存勖死后，大将李嗣（sì）源称帝。李嗣源倚重石敬瑭，任命他为太原节度使。李嗣源死后，儿子李从厚继位。公元934年，李从厚被李嗣源的养子李从珂（kē）派人杀死，李从珂继皇帝位。李从珂对石敬瑭十分猜忌，两个人最终兵戎相见。当时石敬瑭的力量相对弱小，于是，他便向北方的契丹国主耶律德光求助，表示愿意拜耶律德光为父亲，并答应打退李从珂后，把燕云十六州（指幽州、云州等十六个州，在今河北、山西北部）割让给契丹。在契丹人的支持下，公元936年，石敬瑭打败了后唐，李从珂自杀，石敬瑭称帝，改国号为晋。

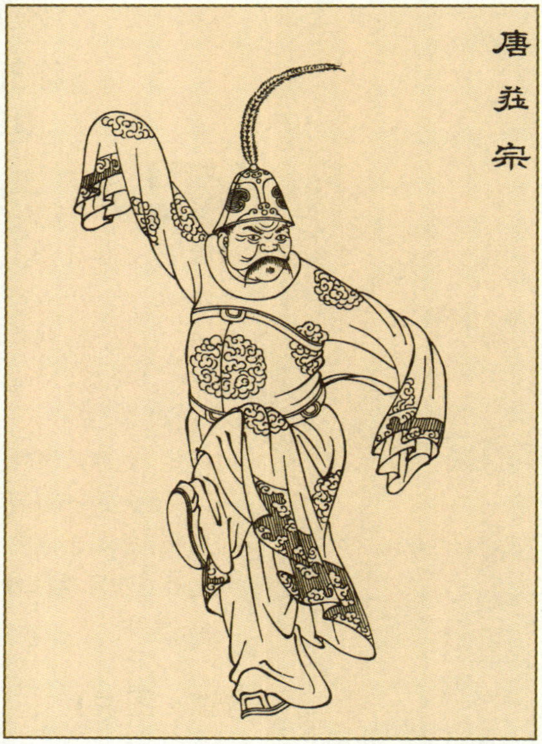

▲ 李存勖像，选自《清刻历代画像传》

石敬瑭当了七年皇帝就死了，他的侄子石重贵即位。石重贵不愿意向耶律德光称臣，耶律德光认为石重贵不敬，便发兵攻打后晋。公元947年，石重贵兵败被俘，后晋灭亡。

契丹灭了后晋后，因纵容将士烧杀掳（lǔ）掠，激起民众的强烈反抗，只好退回自己的国家。此时，后晋大将刘知远趁机在太原称帝，并很快率兵收复汴（biàn）京，改国号为汉。刘知远死后，他的儿子刘承祐（yòu）即位。刘承祐嫌手下将领的权力太大，派人去杀害大将郭威。郭威得知后，发动兵变，于公元950年推翻后汉称帝，并于第二年改国号为周。

炎宋①兴，受周②禅（shàn）③。
十八传④，南北混⑤。

【注释】

①炎宋：即宋朝，公元960—1279年，赵匡胤（yìn）所建。分为北宋和南宋。因宋朝尊崇五

【译文】

宋朝兴起，是接受了后周

行中的火德，所以称炎宋。 ②周：朝代名。五代之一，公元951—960年，郭威所建。史称后周。 ③禅：禅让，帝王把帝位让给别人。 ④十八传：指宋朝共有十八位皇帝。 ⑤混：合并；统一。一说指扰乱。

皇帝的禅让。宋朝一共传了十八位皇帝，之后中国的南北方归于统一。

【导读+图说】

本段讲述了宋朝的历史。

宋朝分为北宋和南宋，北宋从公元960年至1127年，南宋从公元1127年至1279年。

北宋是宋太祖赵匡胤建立起来的。赵匡胤在后周太祖郭威时已受到重用。到了后周世宗柴荣时，赵匡胤被封为殿前都点检，即朝廷的禁卫军首领。周世宗临死时，把年仅7岁的周恭帝托付给赵匡胤。但此时赵匡胤已不再甘心做臣子，他要自己做皇帝。

公元960年，有情报称北边的辽朝准备进攻北周，周恭帝便命赵匡胤率兵抵御。赵匡胤到达离京城不远的陈桥驿（yì）后，便按兵不动。当天晚上，赵匡胤的弟弟赵光义与手下将领一起谋划拥戴赵匡胤当皇帝。第二天一早，赵匡胤刚一起床，将领们便把只有皇帝才能穿的黄袍披到了他的身上，并一起跪在地上高呼万

▶ 宋太祖洞开重门图，绘于清代

岁。之后，赵匡胤便率大军回到了首都，逼迫周恭帝让位，赵匡胤自己做了皇帝，改国号为宋。北宋就这样建立了。

▲ 宋太祖赵匡胤像，选自清代的《历代帝王像真迹》

北宋一共有九位皇帝。公元1126年，金朝的兵马包围了北宋首都，把北宋皇帝宋徽宗和宋钦宗一起掳（lǔ）到北方，北宋就此灭亡。但与此同时，宋徽宗的儿子赵构在南京（今商丘）重建宋朝，史称南宋。到了公元1279年，南宋军队与元兵作战失败，大臣陆秀夫背着皇帝赵昺（bǐng）投海自尽，南宋灭亡。南宋一共有九位皇帝，与北宋的皇帝人数相加，正好为十八位皇帝，所以《三字经》中称之为“十八传”。

关于“南北混”一句，历来的解释各有不同，主要分歧在于对“混”字该作何解。较多的学者把它解释为混乱，因为在《三字经》的下文中，还介绍了与南北宋同时的辽朝、金朝和元朝，既然当时各个朝代并列，显得很混乱，所以“南北混”应该是南北两地显得很混乱的意思。不过，我认为，此处的“混”最好还是解释为混一、统一，因为其上文是“十八传”，既然已说了“十八传”，说明南宋已经结束，天下又归于统一，因此，把这里的“混”解释为混乱是不妥的。

辽①与金②，皆③称帝④。
迨（dài）⑤灭辽，宋犹⑥存。

【注释】

①辽：朝代名。公元907—1125年，契丹人耶律阿保机所建。在我国北部，初名契丹，后改称辽。 ②金：朝代名。公元1115—1234年，女真人完颜阿骨打所建。在我国北部。 ③皆：都。 ④帝：君主；皇帝。 ⑤迨：等到。 ⑥犹：还；尚且。

【译文】

辽朝和金朝，它们的统治者也都自称皇帝。等到金朝灭辽，宋朝仍然存在。

【导读+图说】

本段讲述了辽、金、宋三朝的历史。

公元907年，契丹人耶律阿保机建立契丹国，后改称辽。在耶律阿保机的儿子耶律德光统治时期，辽朝曾消灭后晋。宋朝建立后，辽朝一直是宋朝北部边境的严重威胁。

公元1115年，女真人完颜阿骨打在会宁(今黑龙江阿城南)正式称帝，国号大金。金朝建立后，几次与辽兵作战，辽兵都大败亏输。到了公元1125年，金朝派辽将追杀辽朝的天祚(zuò)帝，辽朝灭亡。

金灭辽后，便把矛头指向了宋朝。公元1126年，金朝俘获了北宋皇帝宋徽宗和宋钦宗，北宋灭亡。之后，金又多次威胁刚刚建立起来的南宋政权，由于遭到岳飞、韩世忠等南宋名将的沉重打击，金朝灭亡南宋的企图才没有实现。

本段不同的《三字经》版本在文字上有些出入，如有的版本作“辽与金，帝号纷”或“元灭金，绝宋世”。

▲ 岳飞像

▲ 岳飞抗金图，绘于清代

至①元②兴，金绪歇③，
有宋④世，一同⑤灭。

【注释】

①至：到。 ②元：朝代名。蒙古孛（bó）儿只斤·铁木真（成吉思汗）于1206年建立。1271年忽必烈定国号为元。 ③金绪歇：金朝的事业结束。绪：事业。歇：停止；结束。 ④有宋：即宋朝。有：助词，放在名词前，无实义。 ⑤一同：一起。

【译文】

到了元朝兴起，金朝就被消灭了，而南宋王朝也一起被元朝消灭。

【导读＋图说】

本段讲述了金朝和南宋被元朝消灭的历史。

公元1206年，位于中国北方的蒙古族各部落在斡（wò）难河（今鄂嫩河）举行集会，公推铁木真为全蒙古的大汗，并且称他为成吉思汗。

成吉思汗即位以后，蒙古国迅速强大起来。公元1234年，蒙古和南宋联合攻金，金哀宗走投无路，被迫自杀，金朝灭亡。

金朝灭亡后，南宋和蒙古间也不断发生战争。公元1271年，蒙古的忽必烈称帝，改国号为元。元朝建立后，忽必烈派兵向南宋发动进攻。到了公元1279年，南宋军队被全部歼灭，南宋的小皇帝赵昺（bǐng）也被大臣陆秀夫背着跳入海中自尽，南宋灭亡。

本段不同的《三字经》版本在文字上有出入，有的版本没有这四句文字。

▲ 陆秀夫身背小皇帝跳海图，选自《清刻历代画像传》

并①中国②，兼③戎④狄⑤。
九十年，国祚（zuò）⑥废。

【注释】

①并：兼并；吞并。 ②中国：古代指我国中原地区。 ③兼：兼并。 ④戎：我国古代称西部的少数民族。 ⑤狄：我国古代对北方的少数民族的统称。 ⑥国祚：帝王之位。

【译文】

元朝吞并了中原地区，又兼并了西部和北部的少数民族。九十年后，元朝灭亡。

【导读+图说】

本段讲述了元朝在历史上存在的时间。

公元1271年，元世祖忽必烈定国号为元。公元1279年，元朝灭南宋，结束了唐末以来中国分裂的局面。元朝的统治地区东面到大海，西到今新疆，西南包括今西藏、云南，北面包括西伯利亚大部，东北到鄂霍次克海。当时的中国是世界上最强大、最富庶的国家，西方各国的商人、旅行家等纷纷到中国来观光旅游。

但是，元朝实行民族压迫政策，它把国内的人民分为四等：第一等是蒙古人；第二等是西域各族和西夏人，即色目人；第三等是原金朝统治区的人，叫汉人；第四等是原来南宋统治区的人，叫南人。不同等级的人享受的政治权利和社会地位都不同，因此，民族矛盾十分尖锐。加上统治者贪赃枉法，穷奢极欲，使老百姓对统治者充满了仇恨。

到了元顺帝统治的时候，由于统治腐败，物价飞涨，终于爆发了刘福通等人领导的红巾军起义。公元1368年，朱元璋领导的起义军攻占了元朝首都——大都，元顺帝逃跑，统治中国九十八年的元朝就灭亡了。

本段不同的《三字经》版本在文字上有出入，"并中国，兼戎狄"一句，有的作"莅中国，兼戎狄"，有的作"舆图广，超前代"。

▲ 元世祖忽必烈像，绘于元代

明太祖①，久亲师②，
传建文③，方④四祀(sì)⑤。

【注释】
①明太祖：即朱元璋，字国瑞，濠(háo)州钟离(今安徽凤阳东北)人。1368年建立明朝，同年推翻元朝，后逐步统一全国。 ②亲师：亲自带兵作战。 ③建文：指明惠帝朱允炆(wén)，朱元璋的孙子，年号建文，所以又称建文帝。 ④方：才；刚。 ⑤四祀：四年。祀：年。

【译文】
明太祖朱元璋长期亲自带兵作战，他把帝位传给了建文帝，建文帝只做了四年皇帝。

【导读＋图说】
本段讲述了朱元璋建立明朝及建文帝的帝位被夺的历史。

明太祖朱元璋出身贫苦，小小年纪就当了和尚，受尽欺辱。公元1352年，听说红巾军起义的消息后，朱元璋就投奔了红巾军。在红巾军中，朱元璋凭着脑子灵活，勇敢善战，地位不断提升，并最终成为红巾军的统帅。公元1368年，朱元璋在南京称帝，定国号为明。

朱元璋于公元1398年去世，当时太子朱标已于公元1392年去世，因此，朱元璋死后，他的孙子朱允炆继承了帝位，这就是建文帝。建文帝继位时，以燕王朱棣(dì)为首的分封王势力强大，建文帝决定解除他们的权力，结果朱棣率兵于公元1402年攻破南京，建文帝下落不明。所以《三字经》中说“传建文，方四祀”。

本段不同的《三字经》版本在文字上有出入，如有的本子作“太祖兴，国大明，号洪武，都金陵”。

▲ 明太祖朱元璋像，绘于明代

迁北京，永乐①嗣（sì）②。
迨（dài）③崇祯（zhēn）④，煤山⑤逝。

【注释】

①永乐：即明成祖朱棣（dì），朱元璋的第四个儿子，封燕王。公元1402年，他起兵攻下南京后称帝，改年号为永乐，并于公元1420年迁都北京。　②嗣：继承。　③迨：等到。　④崇祯：即明思宗朱由检，明朝的最后一个皇帝，年号崇祯。公元1644年，李自成率起义军攻占北京，崇祯帝在煤山上吊自杀。　⑤煤山：今北京景山。

【译文】

朱棣做了明朝的皇帝，把首都迁到了北京。到了朱由检做皇帝时，他在煤山上吊自杀了。

【导读＋图说】

▲明成祖朱棣像，绘于明代

本段讲述了从明成祖朱棣称帝到明朝灭亡的历史。

朱棣于公元1402年夺了其侄子建文帝的帝位后，于公元1420年把首都从南京迁到了北京。朱棣之所以要把首都迁到北京，原因有以下几个：一是北京为原来元朝的首都，有较好的基础；二是蒙古人退出北京后，仍有很大的实力，为了有效防止蒙古人卷土重来，需要充实北方边防；三是北京是朱棣当燕王时的所在地，是他发迹的地方；四是明朝建立后，一直为应该在何处建都大伤脑筋，定都南京，君臣上下并不十分满意。因此，朱棣称帝后，便有了迁都的想法，并采取了不少措施，如把各地的富户迁到北京，在北京设立各种办事机构，营建各类基础设施等。

公元1415年，朱棣召集文武大臣，正式宣布了迁都北京的计划，并下令北京城的建筑以南京城为参照，在元大都的基础上进行扩建。公元1420年，北京城基本建成，朱棣便把首都迁到了北京。不过，明朝迁都后，政治中心虽然北移，但南京在体制上并没有变化，仍然保留了原有的六部、都察院等机构，依然是东南一带的政治、经济、文化中心。

明朝的末代皇帝是崇祯帝。崇祯帝继位时，明朝已处于风雨飘摇之中：在东北，努尔哈赤的势力越来越大，不断威胁明朝统治；在国内，李自成、张献忠领导的起义军横行南北，明朝军队疲于奔命。崇祯帝虽然立志挽救颓（tuí）势，并为此勤政节俭，夙兴夜寐，但由于他刚愎自用，猜疑成性，错杀了袁崇焕、贺人龙等良将，致使明朝军队在军事上屡屡失利。公元1644年，李自成率军攻克北京，崇祯帝走投无路，在煤山上吊自杀，明朝灭亡。

本段不同的《三字经》版本在文字上出入较大，如有的本子作“迨成祖，迁燕京，十七世，至崇祯。权阉肆，寇如林，至李闯，神器焚”。虽然文字表述上不同，但所说内容都是一样的。

▲ 北京宫城图，绘于明代

清太祖①，膺（yīng）②景命③，
靖（jìng）④四方，克⑤大定⑥。

【注释】

①清太祖：即努尔哈赤，后金的建立者。满族人，姓爱新觉罗。公元1583年开始起兵统一建州各部。公元1616年即汗位，起兵反明。清朝建立后，被追

【译文】

努尔哈赤禀承天命，平

尊为太祖。②膺：接受；承当。③景命：大命，指授予帝王之位的天命。④靖：平定；安定。⑤克：能够。⑥大定：完全安定。

定了女真族各个部落，使境内完全安定。

【导读＋图说】

▲ 清太祖努尔哈赤像，绘于清代

本段讲述了努尔哈赤平定女真族各部落的历史。

明朝后期，朝政腐败，边防松弛，我国东北地区女真族的一支——建州女真，却日益壮大起来。

建州女真的首领是爱新觉罗·努尔哈赤。努尔哈赤出身贵族家庭，他凭着自己的勇气和智慧，在建州女真族中树立了威信，并把建州女真的几个部落统一了起来。之后，他又征服了女真族的其他部落，并把女真人编为八个旗，每个旗既是行政单位，又是军事组织，这就是所谓的八旗制度。公元1616年，努尔哈赤在赫图阿拉（今辽宁新宾附近）即位称汗，国号大金，史称后金。

努尔哈赤建立后金后，便公开向明朝政府挑战。公元1619年，明政府派出数十万人的军队征讨努尔哈赤。当时努尔哈赤只有六万多人马，然而，萨尔浒（今辽宁抚顺东）一战，明朝军队几乎全军覆没。从此以后，后金就成了明朝的劲敌，努尔哈赤也为清朝政权的建立打下了很好的基础。

至世祖①，乃大同②。
十二世③，清祚（zuò）④终。

【注释】

①世祖：即爱新觉罗·福临，年号顺治，所以又叫顺治皇帝。②大同：古人理想中的太平盛世。③十二世：指十二位皇帝。④祚：皇帝的位置。

【译文】

到了顺治皇帝的时候，全国实现了统一。经历十二位皇帝以后，清朝的统治就结束了。

【导读+图说】

本段讲述了清朝政权统一中国及其最终灭亡的历史。

清太祖努尔哈赤于公元1626年去世，他的儿子爱新觉罗·皇太极继位，这就是清太宗。到了公元1636年，皇太极改国号为清。公元1643年，清太宗皇太极去世，他的儿子爱新觉罗·福临即位，这就是清世祖，也叫顺治皇帝。顺治帝即位时才六岁，由叔父多尔衮（gǔn）摄政。

公元1644年，李自成率起义军攻占北京，崇祯（zhēn）皇帝上吊自杀，明朝灭亡。此时，驻守山海关的明朝将领吴三桂投靠清朝，与清兵联合，打败了李自成的部队，于同年占领北京。之后，清政府陆续消灭了李自成、张献忠的起义队伍以及明朝的残余势力，建立起了统一的国家。

到了清朝晚期，由于统治者腐败无能，中华民族遭受了深重的灾难。两次鸦片战争、太平天国运动、中日甲午战争、八国联军侵占北京，等等，都予清政府以沉重的打击。到了公元1911年，爆发了孙中山领导的辛亥革命，宣统帝爱新觉罗·溥（pǔ）仪被迫退位，清朝灭亡。

清朝从太祖努尔哈赤算起，到宣统帝溥仪结束，共有十二位皇帝，所以说“十二世，清祚终”。

清朝的灭亡，标志着历时两千一百三十二年的中国封建社会的结束（从公元前221年秦始皇统一中国算起）。《三字经》对

▲ 顺治帝福临像，绘于清代

中国历史的讲述，也到此结束。需要说明的是，人们通常认为《三字经》是宋末元初的王应麟所编，王应麟于公元1296年去世，如此，则《三字经》中“辽与金，皆称帝”至“十二世，清祚终”的内容均系后人增补，由于增补的人不同，增补的文字也就不同，才有了不同的《三字经》版本。

读史者，考实录①，
通②古今，若③亲目④。

【注释】

①实录：记录真实情况的文字。也指我国的一种编年体史书，专记某一皇帝统治时期的大事。 ②通：了解；懂得。 ③若：像；如同。 ④亲目：亲眼看见。

【译文】

阅读史书的人，一定要考察历朝编写的实录，这样去了解古往今来发生的事情，就会像亲眼看见一样。

【导读】

本段讲述了阅读史书时考察“实录”的重要性。

在中国历史上，有不少官方编写的史书，如《后汉书》《新唐书》《宋史》等。这些史书，因出于统治的需要，在记述时往往会隐瞒甚至歪曲、编造史实，因此，读史者在阅读时一定要擦亮眼睛，不可盲目信从。

那么怎样才能真正搞清史实呢？《三字经》的建议是“考实录”。这里的“实录”可作两种理解：一种是各类记录真实情况的文字，一种是专门记录某一皇帝统治时期大事的编年体史书。后一种“实录”在历史上有很多，如南朝梁周兴嗣（sì）等编写的《梁皇帝实录》、唐代韩愈编写的《顺宗实录》、宋代钱若水编写的《太宗实录》等。这类实录虽然也常常隐瞒一些史实，但是资料丰富，可为读史者提供很有价值的参考。

在其他一些版本的《三字经》中，在这段文字前还有一段，如有的作“廿二史，全在兹。载治乱，知兴衰”，有的作“廿四史，全在兹。载治乱，知兴衰”。这里值得注意的是“廿二史”和“廿四史”的说法。所谓廿二史，是指从汉代至清代陆续编写而成的旧时称为正史的二十二部纪传体史书，包括《史记》《汉书》《后汉书》《三国志》《晋书》《宋书》《南齐书》《梁书》《陈书》《魏书》《北齐书》《周书》《隋书》《南史》《北史》《新唐书》《新五代史》《宋史》《辽史》《金史》《元史》和《明史》。后来，加上《旧唐书》和《旧五代史》，称为二十四史。此外，还有二十六史的说法。所谓二十六史，就是在二十四史的基础上，加上《新元史》和《清史稿》。

本书之所以不收“廿二史”或“廿四史”一段，是因为若收了上述内容，则不能收“至世祖，乃大同。十二世，清祚(zuò)终”一段，因为无论“廿二史”还是“廿四史”，都不包括清史；而对于现在的读者来说，只有加上清史的内容，才能了解完整的古代中国历史。

口而诵，心而惟①。
朝(zhāo)②于斯③，夕④于斯。

【注释】

①惟：思考。②朝：早上。③斯：这；这里。④夕：晚上。

【译文】

一边开口朗读，一边用心思考。从早晨到晚上，都要专心学习。

【导读】

本段讲述了学习的方法：一是要口中朗读，二是要用心思考，三是要持之以恒。其中，口中朗读是前提和基础，因为只有通过不断地朗读，才能获得语感，才能把文章的内容和句子的韵律自然地印在脑海里，久而久之，便能出口成章。古人说，书读千遍，其义自见，说明朗读确实是很重要的。在朗读的同时，还需要用心思考和记忆，不能像小和尚念经，有口无心。《论语·为政》中说：“学而不思则罔(wǎng)”，即只学习不思考就会感到迷惘，说的就是这个意思。学习知识除了口中朗读，心中思考，还有很重要的一点，就是持之以恒，只有“朝于斯，夕于斯”，久久用功，不断地积累，才能学有所成，真正成为一个学识渊博的人。否则，三天打鱼，两天晒网，是不会有什么长进的；这样的人，一辈子都不会有什么出息。

昔①仲尼②，师③项橐（tuó）④，
古圣⑤贤⑥，尚⑦勤学。

【注释】

①昔：从前。 ②仲尼：即孔子，名丘，字仲尼。春秋时期鲁国人，儒家学派的创始人。 ③师：以……为老师。 ④项橐：鲁国的神童，传说他七岁时，孔子曾拜他为师。 ⑤圣：圣人，有极高品德和智慧的人。 ⑥贤：有品德或才能的人。 ⑦尚：尚且。

【译文】

从前孔子曾经拜项橐为老师，即使是古代的圣贤，尚且好学不倦。

【导读+图说】

本段通过孔子拜项橐为师的例子，来说明勤学的重要性。

孔子拜项橐为师是一个传说故事，故事中说，孔子在向东游历时，碰上了只有7岁的项橐，两个人言来语去，比拼智慧，结果孔子竟然败给了项橐。但是孔子并不以此为耻，反而虚心地拜项橐为师。虽然这只是一个传说故事，在民间却流传很广。而且，该故事流传的时间也很早，在《淮南子》《史记》等大名鼎鼎的典籍中，都有"夫项托（即'橐'）七岁为孔子师""大项橐生七岁为孔子师"等说法。

孔子拜项橐为师的故事虽然有些夸张，但是其中包含的道理却是很实在的，这就是学无止境。一个人再博学，掌握的知识再多，也不可能什么都懂。俗话说，隔行如隔山。一个人，在自己的专业领域或许是个专家，但是，一旦跨出了这个领域，他就不再是专家，就需要向别人学习了。在《论语·子路》中有这样的记载："樊迟请学稼。子曰：'吾不如老农。'请学为圃（pǔ）。曰：'吾不如老圃。'"意思是：孔子的学生樊迟向孔子请教如何种庄稼。孔子说："我不如老农。"樊迟又向孔子请教如何种蔬菜。孔子说："我不如老菜农。"孔子的回答是很实在的，说到诗书礼乐，孔子自然

▲ 舞雩（yú）从游图，描绘了孔子与樊迟问答的情形。选自《孔子圣迹图》

是专家，但是说到种庄稼，孔子的水平当然不及庄稼汉，这是由社会分工决定的。所以，对于每个学子来说，谦虚、勤奋是必须具备的两项品德。

赵中令①，读《鲁论》②，
彼③既仕④，学且⑤勤。

【注释】

①赵中令：即赵普，宋朝初年的宰相。因曾任同中书门下平章事，所以叫他赵中令。 ②《鲁论》：汉代所传《论语》的一种，因相传是鲁国人所传，所以称《鲁论》。 ③彼：他，指赵普。 ④仕：做官。 ⑤且：尚且；还。

【译文】

北宋宰相赵普喜欢读《论语》，他已经做大官了，仍然勤奋好学。

【导读＋图说】

本段以北宋宰相赵普勤读《论语》为例，来说明勤学的重要性。赵普是北宋的开国功臣，曾参与策划陈桥兵变，辅佐赵匡胤

▲ 赵普像

(yìn)当了皇帝。之后,他又为平定南方出谋划策,立下了大功,所以赵匡胤提拔他当宰相。但是,赵普出身小吏,读书不多,学问比其他文臣差了一截。为了弥补这一缺陷,赵普只要一有时间,就苦读《论语》。这样时间一长,每当碰上疑难问题,他总能运用《论语》中的道理来很好地应对解决。

据宋代罗大经的《鹤林玉露》记载,赵匡胤死后,继位的宋太宗仍然想任命赵普为宰相。然而,有人却向宋太宗进谗(chán)言,说赵普只会读《论语》,没有读过别的书。宋太宗就此事问赵普,赵普坦然回答说:"我以半部《论语》辅佐太祖得天下,也将以半部《论语》辅佐陛(bì)下治天下。"后来,人们便流传说,赵普是靠半部《论语》治天下的。

《三字经》中举赵普读《论语》的例子,目的是要说明,即使像赵普这样位高权重的官员,尚且如此勤奋好学,那么,作为一个以读书为主要任务的学生,又有什么理由不好好学习呢?

披蒲(pú)编①,削竹简②,
彼③无书,且④知勉⑤。

【注释】

①披蒲编:指西汉人路温舒割来蒲草编成书册,用来在上面写字。披:割断。蒲:一种多年生草本植物,叶子长而尖,有韧性,可编席、扇子等。 ②削竹简:指西汉人公孙弘砍来竹子削成竹简,用来在上面写字。 ③彼:他们,指路温舒和公孙弘。 ④且:尚且;还。 ⑤勉:努力。

【译文】

路温舒割来蒲草编成书册以在上面写字,公孙弘把书抄在削好的竹简上,他们俩都因贫穷买不起书,却仍然知道努力学习。

【导读 + 图说】

本段以路温舒、公孙弘虽然贫穷却仍然想方设法去学习为例，来说明勤学的重要性。

路温舒字长君，西汉巨鹿（今属河北）东里人。出身贫困，曾给别人放羊。一次，他看到水边的蒲草叶子很长，又有韧性，便割了一些，把它们编成书册的样子，再向别人借来书，把书中内容抄在上面。路温舒经过自学，获得了不少知识，人们对他也渐渐重视起来，开始时让他担任县里的狱吏，后来竟任命他为太守。

公孙弘是西汉菑（zī）川（今山东淄〔zī〕博市）人，年轻时曾担任狱吏，后来因为违法被免职。因为没有收入来源，家里又很贫穷，公孙弘只好到海边替人养猪。但是，在这种困难的情况下，公孙弘仍不停止学习。他从竹林里砍来竹子，把它剖成竹片，制成竹简，然后把借来的书抄在竹简上。汉武帝时，公孙弘因为学问出众，受到汉武帝的重视，被任命为丞相，并被封为平津侯。

路温舒和公孙弘都是穷人，但是，他们经过刻苦学习，获得了知识，从而当上了朝廷官员，改变了自己的生活和社会地位。《三字经》通过这两个例子说明：像路温舒和公孙弘这样一贫如洗的人尚且知道学习，更何况衣食无忧的学生呢？

▲ 海上牧豕（shǐ）图，描绘了公孙弘一边放猪、一边读书的情形。选自清代的《吴友如画宝》

头悬梁①，锥（zhuī）刺股②，
彼③不教④，自勤苦。

【注释】

①头悬梁：指汉朝人孙敬为了防止读书时打瞌睡，把头发系在屋梁上。 ②锥刺股：指战国时的苏秦读书时为了集中精力，用锥子刺大腿。股：大腿。 ③彼：指孙敬和苏秦。 ④教：教导；指点。

【译文】

孙敬把头发悬在屋梁上以防止读书时打瞌睡，苏秦用锥子刺大腿来刺激自己读书时集中精力，他们都不需要别人的教导，自己就能勤奋刻苦。

【导读＋图说】

本段通过孙敬头悬梁、苏秦锥刺股的例子来告诉人们学习一定要刻苦。

孙敬头悬梁的故事见于《太平御览》卷三六三引《汉书》："孙敬字文宝，好学，晨夕不休。及至眠睡疲寝，以绳系头，悬屋梁。后为当世大儒。"意思是：孙敬，字文宝，爱好学习，早晚不停。等到

▲ 六国封相图，描绘了苏秦六国拜相后衣锦还乡的情形。选自清代的天津杨柳青年画

感觉疲倦想睡觉时，就用绳系头发，把它悬挂到屋梁上。这样，当因困倦而脑袋耷拉时，头发就会被扯紧，头皮就会感到疼痛，从而一下子清醒过来。孙敬后来成为一代大儒。

苏秦是战国时东周洛阳人，早年游说（shuì）诸侯，不受任用，落魄而归，家中的父母、妻子、嫂子都瞧不起他。因此，苏秦刻苦攻读，以期一雪耻辱。每当读书昏昏欲睡、精力不能集中时，他就用锥子刺自己的大腿，以让大脑清醒。经过一段时间的苦读，苏秦自信已经纶满腹，便再次出山游说诸侯，提出了赵、齐、燕、韩、楚、魏六国联合对付秦国的主张，受到各国君主的重视，并获六国拜相的殊荣。

孙敬和苏秦都是通过刻苦读书，终成大器，所以《三字经》奉他们为勤学的楷模，要求大家向他们学习。

如①囊萤②，如映雪③，
家虽贫，学不辍（chuò）④。

【注释】

①如：表示例举。 ②囊萤：用纱袋装萤火虫。指晋朝人车胤（yìn）因买不起灯油，为了能在晚上看书，便把许多萤火虫装入纱袋中来照明。 ③映雪：映着雪的反光。指晋朝人孙康在冬天的夜里借助积雪的反光来读书。 ④辍：中止；停止。

【译文】

车胤把许多萤火虫装入纱袋中来照明读书，孙康借助积雪的反光看书，他们的家里虽然贫穷，但他们从来没有停止过学习。

【导读＋图说】

本段与上文的路温舒“披蒲（pú）编”、公孙弘“削竹简”相似，讲述的也是虽然家里贫穷，但仍然想办法刻苦学习的故事。

车胤“囊萤”的故事见于《晋书·车胤传》。车胤字武子，南平（今湖南蓝山北）人。车胤从小就喜欢读书，但是，因为家里太穷，常常买不起灯油，因此到了晚上就没法看书了。后来，车胤发现一到夏天的晚上，野外都会有不少飞舞的萤火虫，发出点点亮光。他便捉来一些萤火虫，把它们装入薄薄的纱袋中，这样就可以借助

▲ 映雪读书图，描绘了孙康在夜晚利用雪的反光读书的情形。清代周慕桥绘

萤火虫的闪光读书了。因为车胤博学多才，受到了当时的荆州刺史桓温的重用，后来官至吏部尚书。

孙康“映雪”的故事见于《文选·任昉（fǎng）〈为萧扬州荐士表〉》“至乃集萤映雪，编蒲缉柳”李善注引《孙氏世录》：“孙康家贫，常映雪读书，清介，交游不杂。”意思是：孙康家里贫穷，因此常常在冬天下雪的夜里，借助积雪的反光来读书。孙康为人清高，与人交往很慎重。孙康是晋代京兆（今河南洛阳）人，因为勤奋好学，终于成为一位很有名望的学者，并且官至御史大夫。

《三字经》用上述两个故事进一步强调，学习是十分重要的事情，虽然学习的过程中会碰到不少困难和障碍，但是只要你意志坚定，总能找到克服的办法。

如①负薪②，如挂角③，
身虽劳④，犹⑤苦⑥卓⑦。

【注释】

①如：表示例举。 ②负薪：背着柴。指汉朝人朱买臣以砍柴为生，他把书放在柴担上边走边看。负：背。薪：柴。 ③挂角：把书挂在牛角上。指隋朝人李密骑牛外出时把书挂在牛角上边赶路边读书。 ④劳：辛苦；疲劳。 ⑤犹：还；尚且。 ⑥苦：辛勤；刻苦。 ⑦卓：高超出众。

【译文】

朱买臣一边挑着柴担一边读书，李密骑牛外出时把书挂在牛角上边赶路边看书，他们两个人已经很疲劳了，却仍然异乎寻常地刻苦学习。

【导读＋图说】

本段继续以朱买臣和李密刻苦学习的例子来说明学习的重要性。

朱买臣“负薪”的故事见于《汉书·朱买臣传》。书中称，朱买臣字翁子，是西汉吴县(今属江苏)人。家中贫困，靠砍柴为生。他常常一边挑着柴，一边看书，并大声朗诵。他的妻子与他一起挑柴，认为这种行为令人羞愧，劝他不要这么做，朱买臣不听。他的妻子便离开朱买臣，嫁给了别人。朱买臣经过刻苦学习，学识大进，被人推荐给了汉武帝。汉武帝任命朱买臣为会稽太守。朱买臣前往上任时，地方官员发动人员整治道路，以迎接朱买臣。朱买臣在整治道路的人群中发现了自己以前的妻子，便用车载着她到自己的官邸(dǐ)。后来他的前妻因羞愧而自杀。

李密是隋末起义的著名领袖。在《旧唐书·李密传》中，有关于李密“挂角”的记载。李密出身贵族，酷爱读书，以至于人们很

▲ 负薪读书图，描绘了朱买臣一边挑柴、一边读书的情形。清代马骀(tái)绘

▲ 挂角攻书图，描绘了李密把书挂在牛角上，边赶路边读书的情形。清代马骀绘

少能见到他。有一次，他骑着黄牛去找一个人，为了不耽误时间，就把《汉书》挂在牛角上，用一只手翻书阅读。隋朝的尚书令、越国公杨素看到李密此举，觉得很奇怪，便主动与李密交谈，发现李密的见解超过常人，就让自己的儿子与李密结交。在全国性的反隋起义中，李密成为瓦岗寨起义军的首领，屡战屡胜，控制了中原的大片地区。李密后来投降唐朝，被封为邢国公。

有的人常常抱怨没有时间学习，上述两个例子则说明，可以用来学习的时间是很多的，关键要看你会不会挤时间、是不是真的想好好学习。

苏老泉①，二十七，
始发愤②，读书籍。
彼③既老，犹④悔迟。
尔⑤小生⑥，宜⑦早思。

【注释】

①苏老泉：即苏洵（xún），宋代著名文学家，苏轼（shì）的父亲。因别号老泉，所以又叫苏老泉。　②发愤：决心努力。　③彼：他，指苏老泉。　④犹：还；尚且。　⑤尔：你；你们。　⑥小生：称后学晚辈。　⑦宜：应该。

【译文】

苏洵到了27岁才开始发愤读书。苏洵到年老时，还是后悔自己读书太迟了。你们应该趁着年少，早早考虑读书上进。

【导读＋图说】

本段通过苏洵读书的故事来说明从小立志读书的重要性。

关于苏洵27岁才开始读书等事情，《宋史·苏洵传》有这样的记载："苏洵字明允，眉州眉山人。年二十七始发愤为学，岁余举进士，又举茂才异等，皆不中。悉焚常所为文，闭户益读书，遂通'六经'、百家之说，下笔顷刻数千言。至和、嘉祐（yòu）间，与其二子轼、辙（zhé）皆至京师，翰林学士欧阳修上其所著书二十二篇。既出，士大夫争传之，一时学者竞效苏氏为文章。"意思是：苏洵，字明允，眉州眉山（今属四川）人。苏洵在27岁时开始发愤读书，过了一年多，他参加进士、秀才异等的考试，都没有考中。于是他把自己平时写的文章全部烧毁，关起门来，更加勤奋地读书，渐渐通晓了“六经”和诸子百家的学问，写起文章来，很快就能写好几千字。到了至和、嘉祐年间（公元1054—1064年），苏洵与他的两个儿子苏轼、苏辙来到首都，当时的翰林学士欧阳修十分欣赏他们的文章，把他们的文章上呈给皇帝。于是，首都的士大夫们都争相传抄，并纷纷仿效他们写文章的风格。

后来，朝廷任命苏洵为秘书省校书郎，死后赠光禄（lù）寺丞。

苏洵在中国文学史上有重要的地位，他与苏轼、苏辙被人们合称为“三苏”，并都被列入唐宋八大家。

▲ 苏洵像，选自清代的《历代名臣像解》

本段包含两层意思：一是读书学习什么年龄都不晚，像苏洵，即使到27岁才开始用功，仍然可以取得很大的成就；二是虽然说读书学习什么时候都不晚，但还是以早早开始为好，因为苏洵如果能早点知道刻苦读书，取得的成就肯定会更大。不过，从作者的立意来看，侧重点在第二层意思，即要求人们早早勤学，文中的“悔迟”二字，是本段文字的中心。

若①梁灏（hào）②，八十二，
对③大廷④，魁多士⑤。
彼⑥既成⑦，众称异⑧。
尔⑨小生⑩，宜⑪立志。

【注释】

①若：像；如同。　②梁灏：事迹不详。人们多认为梁灏即梁颢（hào）。梁颢是北宋

【译文】

像梁灏，82岁时在朝廷回答

时人，字太素，郓（yùn）州须城（今山东东平）人，23岁中进士。 ③对：回答。 ④大廷：朝廷。 ⑤魁多士：在众多读书人中夺魁，指考中状元。魁：科举考试中进士的第一名。士：旧指读书人。 ⑥彼：他，指梁灏。 ⑦成：成功。 ⑧称异：感到惊奇。 ⑨尔：你；你们。 ⑩小生：称后学晚辈。 ⑪宜：应该。

皇帝的提问，考中了状元。梁灏获得成功后，大家都感到很惊奇。你们应该趁着年少，早早立志学习。

【导读】

本段通过梁灏82岁中状元的故事，告诉人们有志者事竟成的道理。

不过，关于梁灏是一个怎样的人，则较难确定。首先是一般史籍或工具书中查不到梁灏这个人，只能查到“梁颢”。学者们通常都认为这个“梁颢”就是梁灏，但均未说明理由。其次是即使梁灏就是梁颢，所谓梁颢82岁中状元的说法也不能成立。因为梁颢生于公元963年，死于公元1004年，总共才活了40多岁，当然不可能82岁中状元了。《辞海》中认为梁颢82岁中状元的说法是错误的，错误的根源在于《遁斋闲览》，因为它把梁颢23岁中进士误作82岁，所以才有所谓梁颢82岁中状元之说。

根据《宋史·梁颢传》中的记载，梁颢的父亲早亡，是叔父把他养大的。梁颢读书十分刻苦，刚开始考进士没有考中，到了雍熙二年（公元985年），梁颢23岁时，他便考中了进士。

当然，以上事实都不是关键的，我们要重视的是作者的意图，他是想通过梁灏82岁中状元这么一个例子，告诉人们，你只要立志去做一件事情，坚持不懈，就会有成功的一天。

莹①八岁，能咏②诗；
泌③七岁，能赋棋④。
彼⑤颖悟⑥，人称奇。
尔⑦幼学⑧，当效⑨之。

【注释】

①莹：祖莹，北魏人，他8岁时就能背诵《诗经》《尚书》。 ②咏：歌咏。 ③泌：李泌，唐朝人，7岁时就能写出很好的文章。 ④赋棋：以棋为题作赋。 ⑤彼：指祖莹和李泌。 ⑥颖悟：聪明，悟性强。 ⑦尔：你；你们。 ⑧幼学：指10岁左右的孩子。 ⑨效：模仿；学习。

【译文】

祖莹8岁就能背诵《诗经》，李泌7岁就能以棋为题作赋。他们俩如此聪明，人们都赞叹惊奇。你们这些刚开始学习的孩子，应该向他们学习。

【导读＋图说】

本段要求学生们向祖莹和李泌这两个神童学习。

祖莹字元珍，范阳遒（qiú，今河北涞〔lái〕水）人。《魏书·祖莹传》中称他8岁时即能背诵《诗经》和《尚书》。祖莹从小酷爱学习，夜以继日地不停看书。他的父母怕他因此影响健康，常常禁止他看书，他就等父母睡着后再偷偷地看。所以祖莹从小就有很好的名声，他的亲戚都称他为“圣小儿”。北魏孝文帝召见他后，赞他为人才。孝武帝时，任命他为太常卿。

李泌字长源，京兆（今陕西西安）人。关于李泌7岁“能赋棋”，《新唐书·李泌传》中说，李泌7岁时就能写出很好的文章，唐玄宗听说李泌小小年纪就才学过人，便让他入宫相见。当时正有人在下围棋，便让李泌以围棋为题作一篇赋。李泌很快就作了出来，说：“方若行义，圆若用智，动若骋材，静若得意。”意思是：方的棋盘好比实行道义时要方正有原则，圆的棋子好比运用智慧时要圆融无碍，发挥才华时要积极行动，取得成功后要有平常心。玄宗听后大喜。唐肃宗对李泌极为倚重，任命他为银青光禄（lù）大夫，权力比宰相还要大。

据上面所述，祖莹和李泌都是从小好学，天赋过人，而且他们长大后都出人头地，取得了很大的成功。所以《三字经》中希望刚开始学习的孩子们能以祖莹和李泌为榜样，刻苦学习，以便为日后的事业打下坚实的基础。

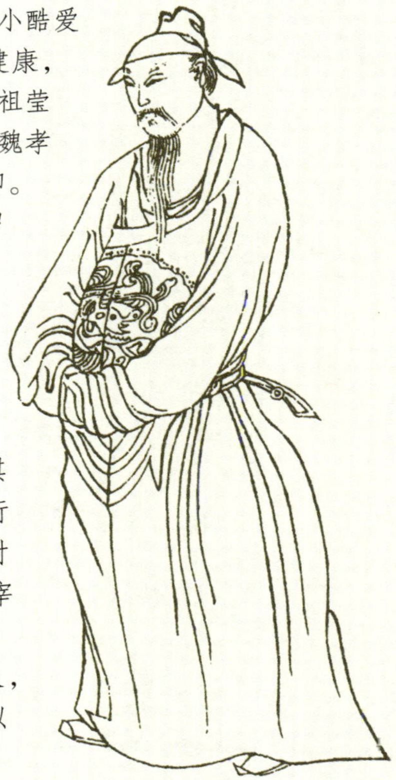

▲ 李泌像，选自清代金古良的《无双谱名人传》

蔡文姬（jī）①，能辨琴②；
谢道韫（yùn）③，能咏吟④。
彼⑤女子，且⑥聪敏⑦。
尔⑧男子，当自警⑨。

【注释】

①蔡文姬：即蔡琰（yǎn），字文姬，东汉著名文学家蔡邕（yōng）的女儿。精通诗赋、音律。 ②辨琴：辨别琴声。 ③谢道韫：名韬，东晋著名大臣谢安的侄女。聪明有文才。 ④咏吟：作诗。 ⑤彼：指蔡文姬和谢道韫。 ⑥且：尚且；还。 ⑦聪敏：聪明敏捷。 ⑧尔：你；你们。 ⑨自警：自我警醒。

【译文】

蔡文姬能辨别琴声，谢道韫擅长作诗。她们都是女子，尚且如此聪明敏捷。你们是男孩子，更应该自我警醒。

【导读＋图说】

本段以历史上两个著名的才女蔡文姬和谢道韫为例，勉励男孩子要好好学习。

▲ 文姬归汉图，选自清代的天津杨柳青年画

为什么要以才女的例子来激励人们学习呢?因为中国古代提倡男尊女卑,女子无才便是德,所以,读书写字是男人的事,大多数女子是没有机会上学的。既然条件远不如男子的女子都如此有才,作为男子,又怎能自甘落后呢?

蔡文姬是东汉陈留(今河南杞县西南)人,她的父亲是大名鼎鼎的文学家蔡邕。据说蔡文姬6岁的时候,隔着墙听她父亲弹琴,忽然,她听出有一根琴弦断了,便向父亲指了出来,蔡邕大感惊奇,由此知道女儿有音乐方面的天赋。但是蔡文姬的命运十分坎坷,结婚后不久,丈夫就去世了,父亲蔡邕也被人关入监狱致死。公元195年,南匈奴入侵中原,她又被匈奴人掳(lǔ)走,成了匈奴左贤王的妃子。后来,曹操爱惜蔡文姬的才华,得知她的下落后,才花重金把她赎了回来。据说蔡文姬最有代表性的作品是《胡笳(jiā)十八拍》。

谢道韫是东晋梁国阳夏(今河南太康)人,谢安的侄女。谢安是东晋时著名的大臣,公元383年,前秦王苻(fú)坚率百万大军攻打东晋,当时谢安是东晋军队的最高统帅,在他的部署下,东晋以区区八万人的部队在淝(féi)水一举击溃了前秦大军,成为历史上以少胜多的最著名的战例。一次,谢安与子侄们谈论写作时,恰逢下雪,谢安便问:“白雪纷纷何所似?”即这纷纷扬扬落下来的白雪像什么?他的侄子谢朗说:“撒盐空中差可拟。”意即好比把盐撒向空中一样。这种比喻当然显得不够恰当。这时,谢道韫说:“未若柳絮因风起。”即不如说柳絮随风飘舞。在柳絮繁盛的季节,一阵风吹来,柳絮漫天飞扬,这种状况,与下雪确

▲ 谢庭咏雪图,描绘了谢道韫在雪天咏雪的情形。清代孙祜(hù)绘

实十分相似，因此，谢安听后十分高兴。人们也据此称谢道韫为“咏絮才”。

唐刘晏①，方②七岁，
举神童③，作④正字⑤。
彼⑥虽幼，身已仕⑦。
尔⑧幼学⑨，勉⑩而致⑪。
有为⑫者，亦若是⑬。

【注释】

①刘晏：字士安，唐代著名的理财家，是著名的神童。唐代宗时曾任吏部尚书、同平章事。 ②方：才；刚刚。 ③举神童：指参加童子科考试被录取。这里指被推举为神童。 ④作：担任。 ⑤正字：官名，从事校勘（kān）书籍的工作。 ⑥彼：他，指刘晏。 ⑦仕：做官。 ⑧尔：你；你们。 ⑨幼学：指10岁左右的孩子。 ⑩勉：努力；尽力。 ⑪致：达到；实现。 ⑫有为：有作为；有志气。 ⑬若是：像这样。

【译文】

唐朝的刘晏，才7岁的时候就被推举为神童，并且担任了“正字”的官职。刘晏年纪虽小，却已经做了官。你们这些刚刚开始学习的孩子，只要努力学习，就能做到和他一样。凡是有志向的人，也都能像这样取得成功。

【导读】

本段通过刘晏7岁就当官的故事，来说明只要立志学习，就能取得成功的道理。

刘晏字士安，曹州南华（今山东菏〔hé〕泽西北）人。据《新唐书·刘晏传》记载，唐玄宗去泰山封禅（shàn）时，刘晏才8岁（《旧唐书·刘晏传》中作7岁），就主动向唐玄宗献颂。唐玄宗经过考核，发现刘晏确实有真才实学，便授予他太子正字的官职。官虽然不大，但小小年纪居然当了官，而且是皇帝亲自任命的，其影响自然十分巨大，因此小小刘晏被称为神童，名震一时。后来，刘晏凭着自己的本事，当上了宰相。在为官期间，刘晏也做了不少实事，对唐朝经济的发展作出了贡献。

像刘晏这样的人，当然是人们学习的榜样，所以《三字经》中用很大的篇幅来进行介绍，并勉励孩子们：只要你们好好学习，一定也能像刘晏一样有出息。

犬守夜①，鸡司晨②。
苟③不学，曷（hé）④为人？
蚕吐丝，蜂酿蜜。
人不学，不如物⑤。

【注释】

①守夜：晚上看门。
②司晨：早晨鸣叫报晓。司：负责；主管。 ③苟：假如；如果。 ④曷：怎么。 ⑤物：这里指动物。

【译文】

狗会在晚上看门，公鸡会在早晨鸣叫报晓。如果我们不好好学习，还怎么有资格做人呢？蚕天生会吐丝，蜜蜂天生会酿蜜。人如果不去学习，就连这些动物都比不上。

【导读】

本段以狗、鸡、蚕、蜜蜂等都能为人类作贡献为例，来强调学习的重要性。

狗能替人看家护院；公鸡天生就能报晓；蚕天生就会吐蚕丝，供人们织衣物之用；蜜蜂天生就会酿蜜，为人们提供味美而有营养的食物。对于这些动物来说，它们这么做，当然是出于本能，然而在客观上却有助于人们的生活。可是人呢？假如一个人生下来以后什么都不学，什么事都不会做，那么他就是一条纯粹的寄生虫，除了消耗人们辛辛苦苦劳动得来的粮食、衣服等，对社会和别人毫无价值。这样的人，当然就“不如物”，即连动物都比不上了。

由此看来，《三字经》的作者为了勉励、劝导孩子们好好学习，确实是煞费苦心：那些当了大官的人仍在努力学习，那些穷困的孩子在克服种种困难努力学习，那些年老的人勤学不辍（chuò），那些女子们都学有所成，连那些动物都在为人类作着贡献，那么，作为一个刚刚步入学堂的孩子，又有什么理由不好好学习呢？

幼而学，壮①而行②。
上致君③，下泽民④。
扬⑤名声，显⑥父母。
光于前⑦，裕于后⑧。

【注释】

①壮：成年；壮年。 ②行：做事；办事。 ③致君：辅佐国君，使他成为圣明之主。 ④泽民：造福于民众。 ⑤扬：传播出去。 ⑥显：显扬。 ⑦光于前：给前辈增光。 ⑧裕于后：为后人造福。裕：使富足。

【译文】

小的时候要好好学习，长大以后就要积极行动。对上辅佐君主，对下惠及民众。使自己声名远扬，使父母感到荣耀。给前辈增光，为后人造福。

【导读】

本段讲述了学习的作用。

作者认为，一个人通过认真学习，掌握了丰富的知识，长大以后就能在生活中发挥积极的作用。这些作用包括：对上可以辅佐君主，使他成为圣明之主；对下可以造福民众，为他们解除生活中的困难。而当你做到了这些事情，你就可以获得美好的名声，还能使父母脸上有光。而且不光对当世有积极的影响，对于祖先来说，也有积极的意义，因为你光大了他们的功业；对于子孙后代来说，意义更是重大，因为你为他们的幸福创造了良好的条件，打下了坚实的基础。

以上观念，也是传统中国人对于人生价值的理解。在他们看来，一个人生活在世上，就要出人头地，光宗耀祖，扬名立万。这些观念，曾经受到过批判，认为它宣扬个人主义，境界太低。根据现代的主流观念,人应该无私地为社会作贡献,而不要计较个人得失。这样的观念,当然正大无比,崇高神圣,但是,放眼四观,真正能照此实行的人并不是很多。相比之下,古人的价值观虽然显得“小气”,却能实实在在地激励古人努力奋斗,自强不息。因此,对于现代人来说,古人的价值观还是有值得借鉴的地方。

人遗①子,金满籯(yíng)②;
我教子,惟③一经④。
勤有功⑤,戏⑥无益。
戒⑦之哉,宜⑧勉力⑨。

【注释】

①遗:留下。 ②籯:箱笼一类的盛器。 ③惟:同“唯”。单单;只。 ④一经:这里指《三字经》。一说泛指一部经典。 ⑤功:成效;效果。 ⑥戏:玩耍。 ⑦戒:提防;警惕。 ⑧宜:应该。 ⑨勉力:努力;尽力。

【译文】

别人留给孩子的,是满筐的金子;我用来教育孩子的,只有这本《三字经》。勤奋学习一定会有收获,贪图玩耍不会有什么好处。要时刻提醒自己,应该努力向上。

【导读】

作为《三字经》的最后一段,作者仍以强调学习的重要性为主旨,只是角度较为独特。作为父母,是把钱财留给子女好,还是把知识和勤学的精神留给子女好?作者的观点十分明确:与其给子女留下满筐的黄金,不如给他们留下一部经典。因为黄金有花光的时候,而知识的力量是无穷的。

关于文中的“一经”,历来有两种不同的理解,一种认为是指《三字经》,因为作为《三字经》的作者,在最后顺便强调一下《三字经》的重要性,这是很自然的事情。一种认为是泛指一部经典,因为《三字经》中的“人遗子,金满籯;我教子,惟一经”一句,不是凭空而来的,在《汉书·韦贤传》中就有“遗子黄金满籯,不如一经”的说法，因此《三字经》的作者是直接引用了这句话，只是对个别文字作了改动而已。这两种说法均有一定的道理。

在中国古代，一直有“万般皆下品，唯有读书高”（见宋代汪洙〔zhū〕的《神童诗》）以及“书中自有黄金屋，书中有女颜如玉”（见宋真宗的《劝学文》）等说法，可见中国人对读书一直是十分重视的。当然，这种对读书的重视与隋唐以来的科举制有密切的关系。因为根据科举制的规则，一个人，不管你的出身如何，不管你是贫是富，只要你在科举考试时考出好成绩，你就会平步青云，光宗耀祖，所谓“朝为田舍郎，暮登天子堂”（见宋代无名氏的《张协状元》戏文），指的就是这种情况。所以，《三字经》中的“勤有功，戏无益”并不是空洞的说教之词，而是对中国古代社会生活状况的真实反映。而且，时至今日，《三字经》中所说的这些道理，绝大部分仍是合理的，对现代人的生活仍有较好的指导意义。

附录一：

三字经（原文＋拼音）

rén zhī chū	xìng běn shàn	xìng xiāng jìn	xí xiāng yuǎn
人之初	性本善	性相近	习相远
gǒu bú jiào	xìng nǎi qiān	jiào zhī dào	guì yǐ zhuān
苟不教	性乃迁	教之道	贵以专
xī mèng mǔ	zé lín chǔ	zǐ bù xué	duàn jī zhù
昔孟母	择邻处	子不学	断机杼
dòu yān shān	yǒu yì fāng	jiào wǔ zǐ	míng jù yáng
窦燕山	有义方	教五子	名俱扬
yǎng bú jiào	fù zhī guò	jiào bù yán	shī zhī duò
养不教	父之过	教不严	师之惰
zǐ bù xué	fēi suǒ yí	yòu bù xué	lǎo hé wéi
子不学	非所宜	幼不学	老何为
yù bù zhuó	bù chéng qì	rén bù xué	bù zhī yì
玉不琢	不成器	人不学	不知义
wéi rén zǐ	fāng shào shí	qīn shī yǒu	xí lǐ yí
为人子	方少时	亲师友	习礼仪
xiāng jiǔ líng	néng wēn xí	xiào yú qīn	suǒ dāng zhí
香九龄	能温席	孝于亲	所当执
róng sì suì	néng ràng lí	tì yú zhǎng	yí xiān zhī
融四岁	能让梨	弟于长	宜先知

shǒu xiào tì	cì jiàn wén	zhī mǒu shù	shí mǒu wén
首 孝 弟	次 见 闻	知 某 数	识 某 文
yī ér shí	shí ér bǎi	bǎi ér qiān	qiān ér wàn
一 而 十	十 而 百	百 而 千	千 而 万
sān cái zhě	tiān dì rén	sān guāng zhě	rì yuè xīng
三 才 者	天 地 人	三 光 者	日 月 星
sān gāng zhě	jūn chén yì	fù zǐ qīn	fū fù shùn
三 纲 者	君 臣 义	父 子 亲	夫 妇 顺
yuē chūn xià	yuē qiū dōng	cǐ sì shí	yùn bù qióng
曰 春 夏	曰 秋 冬	此 四 时	运 不 穷
yuē nán běi	yuē xī dōng	cǐ sì fāng	yìng hū zhōng
曰 南 北	曰 西 东	此 四 方	应 乎 中
yuē shuǐ huǒ	mù jīn tǔ	cǐ wǔ xíng	běn hū shù
曰 水 火	木 金 土	此 五 行	本 乎 数
yuē rén yì	lǐ zhì xìn	cǐ wǔ cháng	bù róng wěn
曰 仁 义	礼 智 信	此 五 常	不 容 紊
dào liáng shū	mài shǔ jì	cǐ liù gǔ	rén suǒ shí
稻 粱 菽	麦 黍 稷	此 六 谷	人 所 食
mǎ niú yáng	jī quǎn shǐ	cǐ liù chù	rén suǒ sì
马 牛 羊	鸡 犬 豕	此 六 畜	人 所 饲
yuē xǐ nù	yuē āi jù	ài wù yù	qī qíng jù
曰 喜 怒	曰 哀 惧	爱 恶 欲	七 情 具

páo tǔ gé	mù shí jīn	sī yǔ zhú	nǎi bā yīn
匏 土 革	木 石 金	丝 与 竹	乃 八 音
gāo zēng zǔ	fù ér shēn	shēn ér zǐ	zǐ ér sūn
高 曾 祖	父 而 身	身 而 子	子 而 孙
zì zǐ sūn	zhì xuán zēng	nǎi jiǔ zú	rén zhī lún
自 子 孙	至 玄 曾	乃 九 族	人 之 伦
fù zǐ ēn	fū fù cóng	xiōng zé yǒu	dì zé gōng
父 子 恩	夫 妇 从	兄 则 友	弟 则 恭
zhǎng yòu xù	yǒu yǔ péng	jūn zé jìng	chén zé zhōng
长 幼 序	友 与 朋	君 则 敬	臣 则 忠
cǐ shí yì	rén suǒ tóng	fán xùn méng	xū jiǎng jiū
此 十 义	人 所 同	凡 训 蒙	须 讲 究
xiáng xùn gǔ	míng jù dòu	wéi xué zhě	bì yǒu chū
详 训 诂	明 句 读	为 学 者	必 有 初
xiǎo xué zhōng	zhì sì shū	lún yǔ zhě	èr shí piān
《小 学》终	至 四 书	《论 语》者	二 十 篇
qún dì zǐ	jì shàn yán	mèng zǐ zhě	qī piān zhǐ
群 弟 子	记 善 言	《孟 子》者	七 篇 止
jiǎng dào dé	shuō rén yì	zuò zhōng yōng	zǐ sī bǐ
讲 道 德	说 仁 义	作《中 庸》	子 思 笔
zhōng bù piān	yōng bú yì	zuò dà xué	nǎi zēng zǐ
中 不 偏	庸 不 易	作《大 学》	乃 曾 子

zì xiū qí	zhì píng zhì	xiào jīng tōng	sì shū shú
自修齐	至平治	《孝经》通	四书熟
rú liù jīng	shǐ kě dú	shī shū yì	lǐ chūn qiū
如六经	始可读	《诗》《书》《易》	《礼》《春秋》
hào liù jīng	dāng jiǎng qiú	yǒu lián shān	yǒu guī cáng
号六经	当讲求	有《连山》	有《归藏》
yǒu zhōu yì	sān yì xiáng	yǒu diǎn mó	yǒu xùn gào
有《周易》	三易详	有典谟	有训诰
yǒu shì mìng	shū zhī ào	wǒ zhōu gōng	zuò zhōu lǐ
有誓命	《书》之奥	我周公	作《周礼》
zhù liù guān	cún zhì tǐ	dà xiǎo dài	zhù lǐ jì
著六官	存治体	大小戴	注《礼记》
shù shèng yán	lǐ yuè bèi	yuē guó fēng	yuē yǎ sòng
述圣言	礼乐备	曰《国风》	曰《雅》《颂》
hào sì shī	dāng fěng yǒng	shī jì wáng	chūn qiū zuò
号四诗	当讽咏	诗既亡	《春秋》作
yù bāo biǎn	bié shàn è	sān zhuàn zhě	yǒu gōng yáng
寓褒贬	别善恶	三传者	有《公羊》
yǒu zuǒ shì	yǒu gǔ liáng	jīng jì míng	fāng dú zǐ
有《左氏》	有《穀梁》	经既明	方读子
cuō qí yào	jì qí shì	wǔ zǐ zhě	yǒu xún yáng
撮其要	记其事	五子者	有荀扬

wén zhōng zǐ	jí lǎo zhuāng	jīng zǐ tōng	dú zhū shǐ
文中子	及老庄	经子通	读诸史
kǎo shì xì	zhī zhōng shǐ	zì xī nóng	zhì huáng dì
考世系	知终始	自羲农	至黄帝
hào sān huáng	jū shàng shì	táng yǒu yú	hào èr dì
号三皇	居上世	唐有虞	号二帝
xiāng yī xùn	chēng shèng shì	xià yǒu yǔ	shāng yǒu tāng
相揖逊	称盛世	夏有禹	商有汤
zhōu wén wǔ	chēng sān wáng	xià chuán zǐ	jiā tiān xià
周文武	称三王	夏传子	家天下
sì bǎi zǎi	qiān xià shè	tāng fá xià	guó hào shāng
四百载	迁夏社	汤伐夏	国号商
liù bǎi zǎi	zhì zhòu wáng	zhōu wǔ wáng	shǐ zhū zhòu
六百载	至纣亡	周武王	始诛纣
bā bǎi zǎi	zuì cháng jiǔ	zhōu zhé dōng	wáng gāng zhuì
八百载	最长久	周辙东	王纲坠
chěng gān gē	shàng yóu shuì	shǐ chūn qiū	zhōng zhàn guó
逞干戈	尚游说	始春秋	终战国
wǔ bà qiáng	qī xióng chū	yíng qín shì	shǐ jiān bìng
五霸强	七雄出	嬴秦氏	始兼并
chuán èr shì	chǔ hàn zhēng	gāo zǔ xīng	hàn yè jiàn
传二世	楚汉争	高祖兴	汉业建

zhì xiào píng	wáng mǎng cuàn	guāng wǔ xīng	wèi dōng hàn
至孝平	王莽篡	光武兴	为东汉
sì bǎi nián	zhōng yú xiàn	wèi shǔ wú	zhēng hàn dǐng
四百年	终于献	魏蜀吴	争汉鼎
hào sān guó	qì liǎng jìn	sòng qí jì	liáng chén chéng
号三国	迄两晋	宋齐继	梁陈承
wéi nán cháo	dū jīn líng	běi yuán wèi	fēn dōng xī
为南朝	都金陵	北元魏	分东西
yǔ wén zhōu	yǔ gāo qí	dài zhì suí	yī tǔ yǔ
宇文周	与高齐	迨至隋	一土宇
bù zài chuán	shī tǒng xù	táng gāo zǔ	qǐ yì shī
不再传	失统绪	唐高祖	起义师
chú suí luàn	chuàng guó jī	èr shí chuán	sān bǎi zǎi
除隋乱	创国基	二十传	三百载
liáng miè zhī	guó nǎi gǎi	liáng táng jìn	jí hàn zhōu
梁灭之	国乃改	梁唐晋	及汉周
chēng wǔ dài	jiē yǒu yóu	yán sòng xīng	shòu zhōu shàn
称五代	皆有由	炎宋兴	受周禅
shí bā chuán	nán běi hùn	liáo yǔ jīn	jiē chēng dì
十八传	南北混	辽与金	皆称帝
dài miè liáo	sòng yóu cún	zhì yuán xīng	jīn xù xiē
迨灭辽	宋犹存	至元兴	金绪歇

yǒu sòng shì	yī tóng miè	bìng zhōng guó	jiān róng dí
有宋世	一同灭	并中国	兼戎狄
jiǔ shí nián	guó zuò fèi	míng tài zǔ	jiǔ qīn shī
九十年	国祚废	明太祖	久亲师
chuán jiàn wén	fāng sì sì	qiān běi jīng	yǒng lè sì
传建文	方四祀	迁北京	永乐嗣
dài chóng zhēn	méi shān shì	qīng tài zǔ	yīng jǐng mìng
追崇祯	煤山逝	清太祖	膺景命
jìng sì fāng	kè dà dìng	zhì shì zǔ	nǎi dà tóng
靖四方	克大定	至世祖	乃大同
shí èr shì	qīng zuò zhōng	dú shǐ zhě	kǎo shí lù
十二世	清祚终	读史者	考实录
tōng gǔ jīn	ruò qīn mù	kǒu ér sòng	xīn ér wéi
通古今	若亲目	口而诵	心而惟
zhāo yú sī	xī yú sī	xī zhòng ní	shī xiàng tuó
朝于斯	夕于斯	昔仲尼	师项橐
gǔ shèng xián	shàng qín xué	zhào zhōng lìng	dú lǔ lún
古圣贤	尚勤学	赵中令	读《鲁论》
bǐ jì shì	xué qiě qín	pī pú biān	xiāo zhú jiǎn
彼既仕	学且勤	披蒲编	削竹简
bǐ wú shū	qiě zhī miǎn	tóu xuán liáng	zhuī cì gǔ
彼无书	且知勉	头悬梁	锥刺股

bǐ bú jiào	zì qín kǔ	rú náng yíng	rú yìng xuě
彼不教	自勤苦	如囊萤	如映雪
jiā suī pín	xué bú chuò	rú fù xīn	rú guà jiǎo
家虽贫	学不辍	如负薪	如挂角
shēn suī láo	yóu kǔ zhuó	sū lǎo quán	èr shí qī
身虽劳	犹苦卓	苏老泉	二十七
shǐ fā fèn	dú shū jí	bǐ jì lǎo	yóu huǐ chí
始发愤	读书籍	彼既老	犹悔迟
ěr xiǎo shēng	yí zǎo sī	ruò liáng hào	bā shí èr
尔小生	宜早思	若梁灏	八十二
duì dà tíng	kuí duō shì	bǐ jì chéng	zhòng chēng yì
对大廷	魁多士	彼既成	众称异
ěr xiǎo shēng	yí lì zhì	yíng bā suì	néng yǒng shī
尔小生	宜立志	莹八岁	能咏诗
mì qī suì	néng fù qí	bǐ yǐng wù	rén chēng qí
泌七岁	能赋棋	彼颖悟	人称奇
ěr yòu xué	dāng xiào zhī	cài wén jī	néng biàn qín
尔幼学	当效之	蔡文姬	能辨琴
xiè dào yùn	néng yǒng yín	bǐ nǚ zǐ	qiě cōng mǐn
谢道韫	能咏吟	彼女子	且聪敏
ěr nán zǐ	dāng zì jǐng	táng liú yàn	fāng qī suì
尔男子	当自警	唐刘晏	方七岁

jǔ shén tóng	zuò zhèng zì	bǐ suī yòu	shēn yǐ shì
举 神 童	作 正 字	彼 虽 幼	身 已 仕
ěr yòu xué	miǎn ér zhì	yǒu wéi zhě	yì ruò shì
尔 幼 学	勉 而 致	有 为 者	亦 若 是
quǎn shǒu yè	jī sī chén	gǒu bù xué	hé wéi rén
犬 守 夜	鸡 司 晨	苟 不 学	曷 为 人
cán tǔ sī	fēng niàng mì	rén bù xué	bù rú wù
蚕 吐 丝	蜂 酿 蜜	人 不 学	不 如 物
yòu ér xué	zhuàng ér xíng	shàng zhì jūn	xià zé mín
幼 而 学	壮 而 行	上 致 君	下 泽 民
yáng míng shēng	xiǎn fù mǔ	guāng yú qián	yù yú hòu
扬 名 声	显 父 母	光 于 前	裕 于 后
rén yí zǐ	jīn mǎn yíng	wǒ jiào zǐ	wéi yī jīng
人 遗 子	金 满 籝	我 教 子	惟 一 经
qín yǒu gōng	xì wú yì	jiè zhī zāi	yí miǎn lì
勤 有 功	戏 无 益	戒 之 哉	宜 勉 力

附录二：

清代李光明庄精刻本《三字经训诂》*

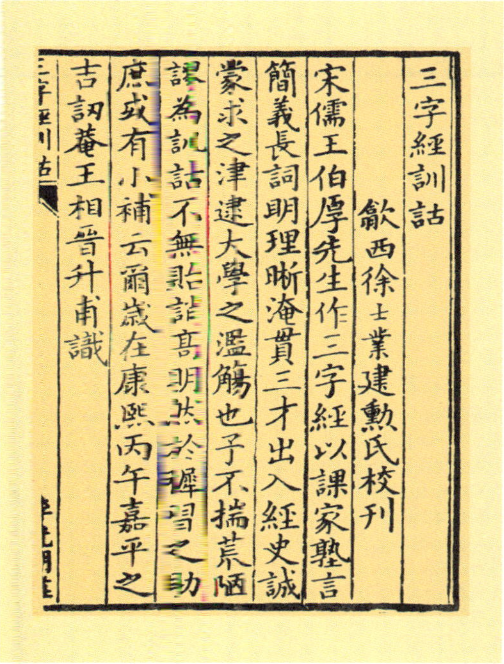

三字經訓詁

歙西徐士業建勳氏校刊

宋儒王伯厚先生作三字經以課家塾言簡義長詞明理晰淹貫三才出入經史誠蒙求之津逮大學之濫觴也予不揣荒陋謬為訓詁不無貽誚高明然於課習之助庶或有小補云爾歲在康熙丙午嘉平之吉訒菴王相晉升甫識

三字經訓詁

李光明莊

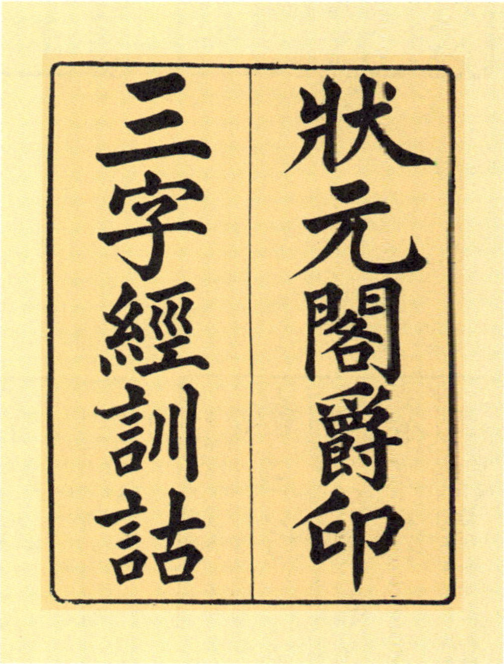

*《三字经训诂》原文的历史部分只述至宋朝灭亡，没有涉及辽金元明清的历史，反映的应是《三字经》较早版本的情况。本附录最后的“辽与金”至“廿一史”的文字是注译者根据清代另一版本的《三字经》增补的。

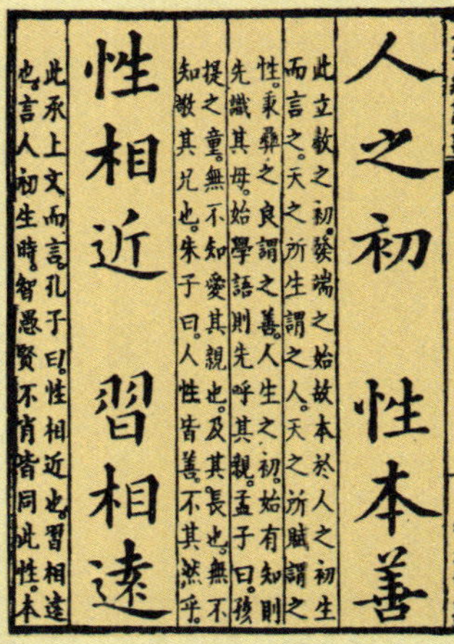
人之初 性本善
此立教之初。發端之始。故本於人之初生而言之。天之所生謂之人。天之所賦謂之性。秉彝之良謂之善。人生之初。始有知則先識其母。始學語則先呼其親。孟子曰。孩提之童。無不知愛其親也。及其長也。無不知敬其兄也。朱子曰。人性皆善。不其然乎。
性相近 習相遠
此承上文而言。孔子曰。性相近也。習相遠也。言人初生時。智愚賢不肖皆同此性。本

〇〇一

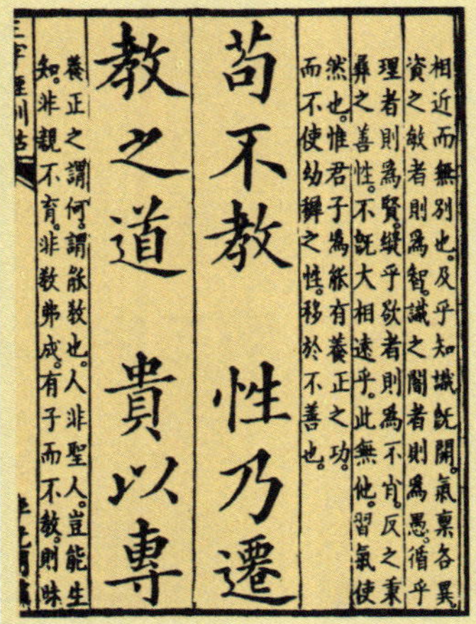
相近而無別也。及乎知識既開。氣禀各異。資之敏者則為智。識之闇者則為愚。循乎理者則為賢。縱乎欲者則為不肖。反之秉彝之善性。不旣大相遠乎。此無他。習氣使然也。惟君子為能有養正之功。而不使幼穉之性。移於不善也。
苟不教 性乃遷
教之道 貴以專
養正之謂何。謂能教也。人非聖人。豈能生知。非覲不育。非教弗成。有子而不教。則昧

〇〇二

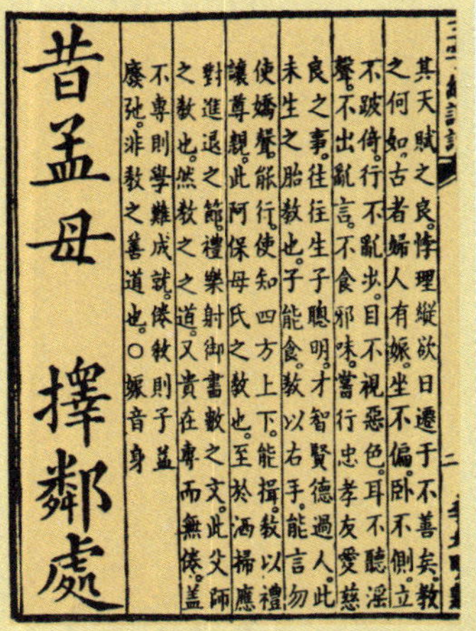
其天賦之良。悖理縱欲。日遷于不善矣。教之何如。古者婦人有娠。坐不偏。卧不側。立不跛倚。行不亂步。目不視惡色。耳不聽淫聲。不出亂言。不食邪味。當行忠孝友愛慈良之事。往往生子聰明。才智賢德過人。此未生之胎教也。子能食。教以右手。能言勿使嬌聲。能行。使知四方上下。能揖。教以禮讓尊親。此阿保母氏之教也。至於洒掃應對進退之節。禮樂射御書數之文。此父師之教也。然教之之道。又貴在專而無倦。蓋不專則學難成就。倦則子益廢弛。非教之善道也。○娠音身
昔孟母 擇鄰處

〇〇三

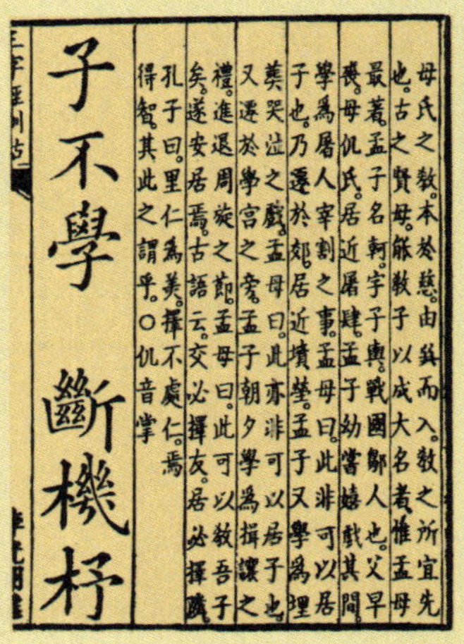
母氏之教。本於慈。由微而入。教之所宜先也。古之賢母。能教子以成大名者。惟孟母最著。孟子名軻。字子輿。戰國鄒人也。父早喪。母仉氏。居近屠肆。孟子幼嘗嬉戲其間。學為屠人宰割之事。孟母曰。此非可以居子也。乃遷於郊。居近墳塋。孟子又學為埋葬哭泣之戲。孟母曰。此亦非可以居子也。又遷於學宮之旁。孟子朝夕學為揖讓之禮。進退周旋之節。孟母曰。此可以教吾子矣。遂安居焉。古語云。交必擇友。居必擇鄰。孔子曰。里仁為美。擇不處仁。焉得智。其此之謂乎。○仉音掌
子不學 斷機杼

〇〇四

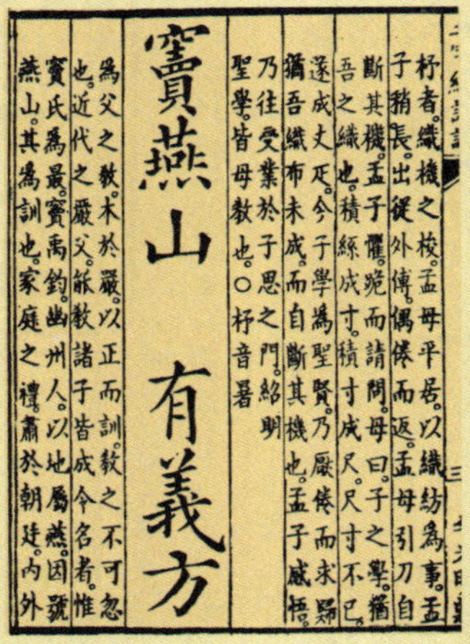
杼者。織機之梭。孟母平居。以織紡為事。孟子稍長。出從外傅。偶倦而返。孟母引刀自斷其機。孟子懼。跪而請問。母曰。子之學。猶吾之織也。積絲成寸。積寸成尺。尺寸不已。遂成丈疋。今子學為聖賢。乃厭倦而求歸。猶吾織布未成。而自斷其機也。孟子感悟。乃往受業於子思之門。紹明聖學。皆母教也。○杼音署
竇燕山 有義方
為父之教。本於嚴。以正而訓。教之不可忽也。近代之嚴父。能教諸子皆成令名者。惟竇氏為最。竇禹鈞。幽州人。以地屬燕。因號燕山。其為訓也。家庭之禮。肅於朝廷。內外

〇〇五

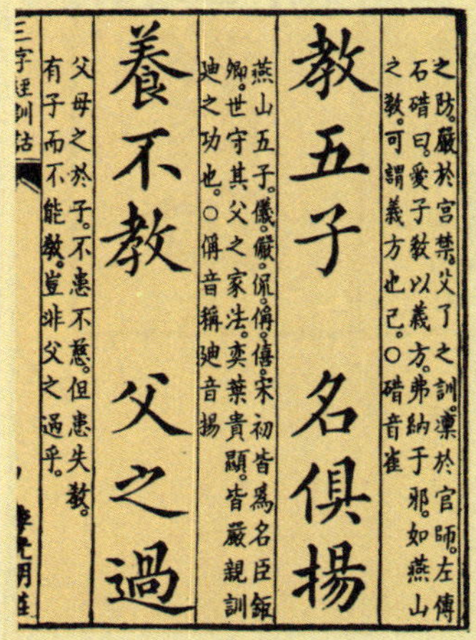
之防。嚴於宮禁。父子之訓。凜於官師。左傳石碏曰。愛子教以義方。弗納于邪。如燕山之教。可謂義方也已。○碏音雀
教五子 名俱揚
燕山五子。儀。儼。侃。偁。僖。宋初皆為名臣鉅卿。世守其父之家法。奕葉貴顯。皆嚴親訓迪之功也。○偁音稱 迪音揚
養不教 父之過
父母之於子。不患不慈。但患失教。有子而不能教。豈非父之過乎。

〇〇六

国学经典规范读本

教不嚴 師之惰

師長之於弟子。不患無教。但患不嚴。不嚴則弟子怠惰而不善。其責在師長。是師之過也。

子不學 非所宜

幼不學 老何爲

古語云。養子不教父之過。訓導不嚴師之

〇〇七

情。父教師嚴兩無外。學問無成子之罪。又曰。勿謂今日不學而有來日。今年不學而有來年。日復一日。年復一年。嗚呼老矣。是誰之愆。言悔之無及也。

玉不琢 不成器

人不學 不知義

義。道義也。禮經學記曰。玉不琢不成器。人不學不知道。雖有美玉。不琢不磨。不成器物。則無所用。猶人雖有美材。不勤學問。則不能知理義道德。終不可謂成人也。

〇〇八

爲人子 方少時

親師友 習禮儀

此言爲子弟之道也。凡爲人子弟。當少年無事之時。宜當親近明師。交結良友。講習禮節儀文之事。愛親敬長之道。進德修業。以爲立身之本。

香九齡 能温席

〇〇九

孝於親 所當執

百行之首。以孝爲先。初學之士。不可不知之。昔漢時江夏黃香。年九歲。即知孝於親。每當夏日炎熱之時。則扇父母之帷帳。使枕席清涼。蚊蚋遠避。以待親之安寢。至於冬日嚴寒。則以身温暖其親之衾裯枕席。以待親之煖臥。幼而行孝如此。雖云天性。然人子之道。昏定晨省。冬温夏凊。禮當然也。○凊音靜

融四歲 能讓梨

〇一〇

弟於長 宜先知

敦倫篤誼。友于爲重。兄弟之義。幼學所宜知也。漢時魯國孔融。年始四歲。即知友愛敬讓之道。時有饋送其家梨一筐。諸兄競取之。融獨後。又擇其最小者取之。人問爾何獨取小者。答曰。我本小兒。當取小者。即此可觀其謙恭敬讓之一端。日後羅鈎黨禍。兄弟一門爭死。其孝友之風。燦然千古矣。

首孝弟 次見聞

〇一一

知某數 識某文

孝弟之道。人倫所當盡。見聞之理。幼學所宜知。子曰。行有餘力。則以學文。知其目。則爲數。識其義。則爲文。易曰。君子多識前言往行。日新其德。孔子曰。多聞闕疑。慎言其餘。多見闕殆。慎行其餘。君子聞見既廣。知識既深。則言寡尤而行寡悔矣。

一而十 十而百

此以下。皆言知某數也。萬物之數。起於一。一者。數之始。十者。數之終。百者。十之盈也。

〇一二

百而千　千而萬

十累而盈。滿十則爲百。百累而盈。滿十則爲千。千累而盈。滿十則爲萬也。過此以往。數無紀極。莫之能窮也。

三才者　天地人

混沌之氣。輕清者。上浮而爲天。重濁者。下凝而爲地。天地之間。萬物羣生。惟人最貴。人爲萬物之靈。氣稟陰陽。道敦化育。生生不息。與天地參。故曰三才。

〇一三

三光者　日月星

日本乎陽之精。照臨于晝。月本乎陰之魄。光明于夜。五星列宿皆麗乎天。輝煌燦爛布列森羅。配乎日月。謂之三光也。

三綱者　君臣義

父子親　夫婦順

綱者。統系也。天下之大綱有三。君正於朝

〇一四

爲臣之綱。父正于家。爲子之綱。夫正于室。爲妻之綱。三綱既正。則君聖臣良。父慈子孝。夫和婦順。宇宙清寧。邦國平康矣。

曰春夏　曰秋冬

此四時　運不窮

此言歲時之序也。一歲之序。分爲四時。應乎北斗。斗柄東指。在寅卯辰。萬物發生。於時爲春。斗柄南指。在巳午未。萬物暢茂。於時爲夏。斗柄西指。在申酉戌。萬物收斂。於時爲秋。斗柄北指。在亥子丑。萬物閉藏。於

〇一五

時爲冬。四時之循還不已。運轉無窮。寒暑迭易。而歲功成焉。

曰南北　曰西東

此四方　應乎中

此言四方之位也。正東之方。其干甲乙。其帝太皞。其神勾芒。盛德在木。於常爲仁。於時爲青陽。正南之方。其干丙丁。其帝炎帝。其神祝融。盛德在火。於常爲禮。於時爲朱明。正西之方。其干庚辛。其帝金天。其神蓐收。盛德在金。於常爲義。於時爲白藏。正北

〇一六

之方。其干壬癸。其帝顓頊。其神元冥。盛德在水。於常爲智。於時爲位英。中央之宮。其干戊己。其帝黃帝。其神勾龍。盛德在土。於常爲信。於時寄旺乎四季。四方。春夏秋冬。各有專司。惟土居中用事。而四方咸應之也。○蓐音耨

曰水火　木金土

此五行　本乎數

天地之間。陰陽二氣。化生五行。天一生水。地二生火。天三生木。地四生金。天五生土。

〇一七

此五行之生序也。水曰潤下。火曰炎上。木曰曲直。金曰從革。土爰稼穡。此五行之性之德也。水生木。木生火。火生土。土生金。金又生水。水尅火。火尅金。金尅木。木尅土。土又尅水。萬事萬物。無不有五行貫乎其間。而天下之理。皆由此出。天下之數。皆由此推。不可不知也。

曰仁義　禮智信

此五常　不容紊

五常之理。根於性生。一曰仁。仁者。人也。心

〇一八

国学经典规范读本

之德也。寬裕溫柔。慈良惻隱。是之謂仁。二曰義。義者宜也。心之契也。發强剛毅。奮決果敢。是之謂義。三曰禮。禮者儀也。心之理也。齊莊中正。遜順謙恭。是之謂禮。四曰智。智者知也。心之機也。聰明睿知。文理密察。是之謂智。五曰信。信者厚也。心之主也。誠實正直。忠厚和平。是之謂信。仁義禮智信。謂之五常。不容紊亂也。

稻粱菽　麥黍稷
此六穀　人所食

〇一九

此言穀可食者有六也。一曰稻。有私稻。稉稻。晚稻。糯稻。二曰粱。北方高粱米。有黃粱。白粱。青粱。三曰菽。即諸豆之總名。有大小黃黑青白紅扁豌蠶之類。四曰麥。夏穀也。有大麥。小麥。穬麥。麰麥。五曰黍。北方之穀。又名小米。有粘。有稉。六曰稷。一名稌。祭祀之用也。有黃。有黑。凡此六穀。皆天生以養民者也。○稉音梗。豌音灣。穬音礦。

馬牛羊　雞犬豕
此六畜　人所飼

〇二〇

此言人之所畜養者有六也。馬能負重致遠。牛能耕田。犬能守夜防患。則畜之以備用者也。雞羊與豕。則畜之孳生。以備食者也。六者。在人飼養。使得其宜。則生息蕃滋而為利溥矣。

曰喜怒　曰哀懼
愛惡欲　七情具

此言七情之動也。人之有生。便有知識。纔有知識。則七情生焉。一曰喜。歡樂也。二曰怒。嗔恚也。三曰哀。傷感也。四曰懼。恐畏也。

〇二一

五曰愛。眷戀也。六曰惡。憎嫌也。七曰欲。貪慕也。凡此七情。智愚賢不肖皆有之。惟聖賢能出之以正耳。出之以正。則為君子。出之以邪。則為小人。人當崇正而黜邪。懲忿而窒欲。可不慎乎。○恚音惠

匏土革　木石金
絲與竹　乃八音

此言八音之器也。樂所以配禮。凡奏樂者。八音備而後樂始全。八音維何。一曰匏。瓠瓜也。用為笙竽。二曰土。瓦器也。用為塤。三

〇二二

曰革。牛皮也。用為鼓。四曰木。木器也。用為柷敔。五曰石。玉石之器。用為磬。六曰金。鑄器也。用為鐘鏞。七曰絲。絃索也。用為琴瑟。八曰竹。用為簫管。凡此八音。制自黃帝。五帝三王。各有樂。用以享上帝。祀鬼神。薦祖考。宴嘉賓。酬酢獻灌。非樂不宣。登降揖讓。非樂不和。迭奏宣通。調和數暢。所以導誠敬。暢性情。昭感格。助威儀。所謂禮樂備而治功成。樂之為用。其大也如此。此古人禮樂不可斯須去身。此之謂也。○柷音竹。敔音于。塤音熏。

高曾祖　父而身

〇二三

身而子　子而孫

此言九族之倫也。九族云何。一曰高祖。高者。最上之名。祖之祖也。凡高祖所生以後。均為同族。所謂五服以內之親也。二曰曾祖。曾者。層疊而上也。謂父之祖也。三曰祖。一曰大父。一曰王父。謂父之父也。四曰父。一曰家君。一曰嚴君。尊稱之也。父沒則稱考。母沒則稱妣。高曾祖父。皆考也。高曾祖母。皆妣也。五曰身。己身也。身之嫡配為妻。庶婦則為妾。六曰子。妻妾之所生也。妻生為嫡子。妾生為庶子。七曰孫。子之子也。孫者。系也。統系相傳。有緒而不絕也。

〇二四

自子孫　至元曾
乃九族　人之倫

己身之下。有子孫。子孫之所出。則有元曾。八曰曾孫。孫之子。九曰元孫。孫之孫也。自高祖至元孫。九世矣。九世之所出。謂之九族。族者。衆也。其間生育繁庶。各有親疏遠近之分。倫序也。尊卑之序。定而不紊。凡此。親族。兄弟。諸父。子姪。諸孫。皆出天倫。一本之源。所當敦篤敬愛而不衰者也。

〇二五

父子恩　夫婦從
兄則友　弟則恭

自人倫言之。九族之次。又有十義。一曰父子。生我者父。我生者子。父子之道。慈孝之理。皆由天性之恩。一曰夫婦。男則有室。女則有家。夫妻好合。和翕順從。是謂刑于之化。一曰兄弟。先生爲兄。後生爲弟。同根一本。兄則友愛其弟。弟則恭敬其兄。是謂手足之誼。人能如是。則誠天倫之美德。家庭之至樂也。

〇二六

長幼序　友與朋
君則敬　臣則忠

一曰朋友。同德爲朋。同類爲友。感契以情。周旋以禮。序分長幼。誼同手足。義共死生。情均苦樂。朋友之道。如是而已。非此則不過一時聚散之浮交。非所謂友也。一曰君臣。君者。臣之主。臣者。君之輔。爲君之道。聰明睿知。以臨其民。莊嚴恭肅。以居其位。恩威寬惠。以御其臣。爲臣者。光明正大。以持其心。公廉敏信。以盡其職。忠良醇謹。以事

〇二七

其上。如此。則邦國和平。治化大行。非此則君驕臣諂。日趨於亂矣。

此十義　人所同

父子。夫婦。兄弟。朋友。君臣。是謂五倫。父慈子孝。夫和婦順。兄愛弟恭。朋誼友信。君敬臣忠。所謂十義也。人同者。人人具此理。皆人道之所當爲也。

凡訓蒙　須講究

自一而十至。此皆屬於數。所謂知某數矣。後此皆發明識某文之義。凡此皆所謂訓

〇二八

蒙之道也。蒙者。如草之初生。蒙昧未明也。訓蒙之義。以講究爲先。講者。講其字義之詳。究者。究其精微之奥。

詳訓詁　明句讀

詁。考證也。既詳究其義理。又考證其所出之源。凡經書之義。一句爲句。半句爲讀。如字句太長。則於斷續之中。畧爲點斷。以便童蒙誦習也。○讀音豆

爲學者　必有初

凡爲學之道。須要由漸而進。初學者須由

〇二九

淺而入深。不可躐等。則易入而無礙。鮮扞隔不通之患矣。○躐音獵　扞音汗

小學終　至四書

古者人生八歲。先入小學。教以洒掃應對進退之節。禮樂射御書數之文。使知其義而識之於心。故朱子著爲小學之書。其要以立教。明倫。敬身。爲內綱。稽古。嘉言。善行。爲外目。立教者。立言以教子弟也。明倫者。皆所以明人倫也。敬身者。恭敬此身無敢怠惰也。朱子既詳明備悉三者之條。又益之以稽古者。稽古人立教明倫敬身之法。曰嘉言者。集古人立教明倫敬身之言。曰善行者。集古人立教明倫敬身之事。以實

〇三〇

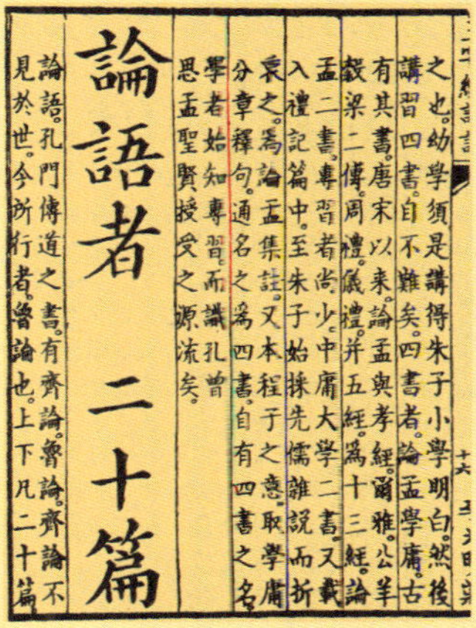
之也。幼學須是講得朱子小學明白。然後講習四書。自不難矣。四書者。論孟學庸。古有其書。唐宋以來。論孟與孝經。爾雅。公羊穀梁二傳。周禮。儀禮。并五經。爲十三經。論孟二書。尊習者尚少。中庸大學二書。又載入禮記篇中。至朱子始採先儒雜說而折衷之。爲論孟集註。又本程子之意。取學庸分章釋句。通名之爲四書。自有四書之名學者始知尊習。而識孔曾思孟聖賢授受之源流矣。

論語者　二十篇

論語。孔門傳道之書。有齊論。魯論。齊論不見於世。今所行者。魯論也。上下凡二十篇

〇三一

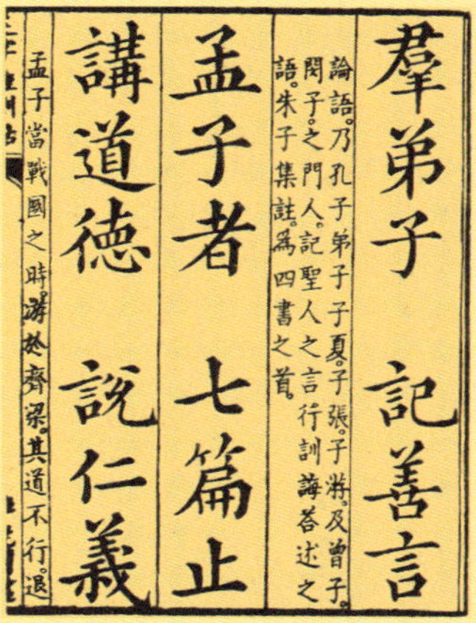
羣弟子　記善言

論語。乃孔子弟子子夏。子張。子游。及曾子。閔子。之門人。記聖人之言行訓誨答述之語。朱子集註。爲四書之首。

孟子者　七篇止

講道德　說仁義

孟子當戰國之時。游於齊梁。其道不行。退

〇三二

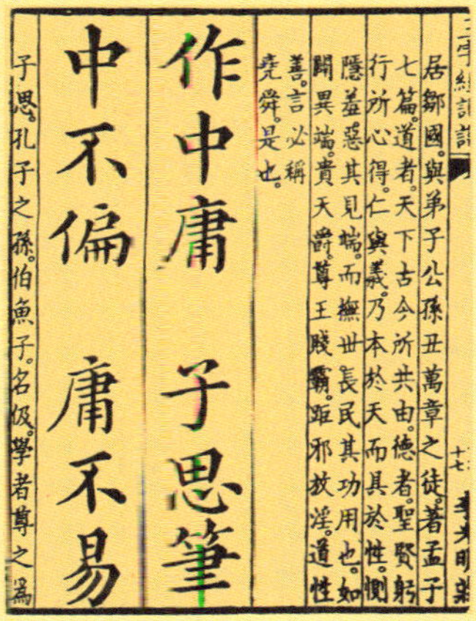
居鄒國。與弟子公孫丑萬章之徒。著孟子七篇。道者。天下古今所共由。德者。聖賢躬行所心得。仁與義。乃本於天而具於性。惻隱羞惡其見端。而撫世長民其功用也。如闢異端。貴天爵。尊王賤霸。距邪放淫。道性善。言必稱堯舜。是也。

作中庸　子思筆

中不偏　庸不易

子思。孔子之孫。伯魚子。名伋。學者尊之爲

〇三三

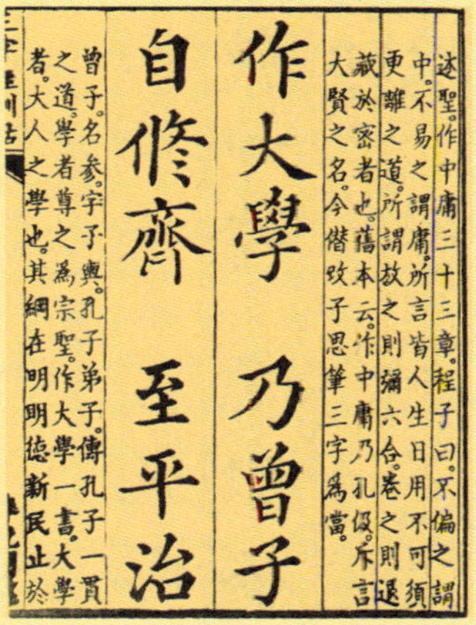
述聖。作中庸三十三章。程子曰。不偏之謂中。不易之謂庸。所言皆人生日用不可須臾離之道。所謂放之則彌六合。卷之則退藏於密者也。舊本云。作中庸乃孔伋。斥言大賢之名。今僭改子思筆三字爲當。

作大學　乃曾子

自脩齊　至平治

曾子。名參。字子輿。孔子弟子。傳孔子一貫之道。學者尊之爲宗聖。作大學一書。大學者。大人之學也。其綱在明明德新民止於

〇三四

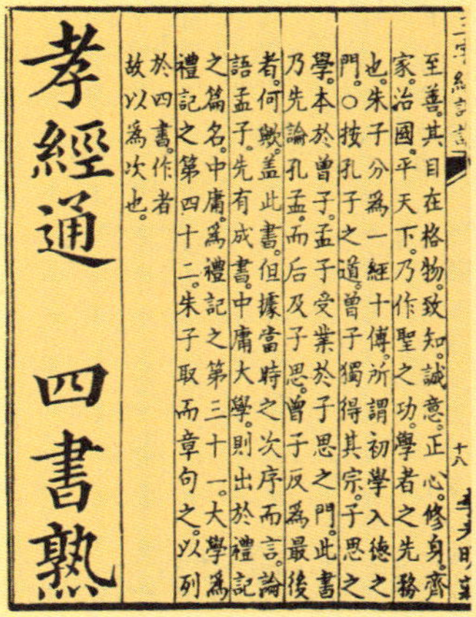
至善。其目在格物。致知。誠意。正心。修身。齊家。治國。平天下。乃作聖之功。學者之先務也。朱子分爲一經十傳。所謂初學入德之門。○按孔子之道。曾子獨得其宗。子思之學。本於曾子。孟子受業於子思之門。此書乃先論孔孟。而后及子思。曾子反爲最後者。何歟。蓋此書。但據當時之次序而言。論語孟子。先有成書。中庸大學。則出於禮記之篇名。中庸爲禮記之第三十一。大學爲禮記之第四十二。朱子取而章句之。以列於四書。作者故以爲次也。

孝經通　四書熟

〇三五

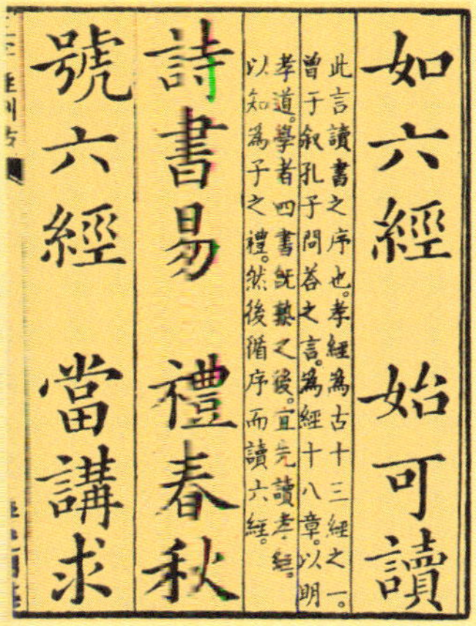
如六經　始可讀

此言讀書之序也。孝經爲古十三經之一。曾子敘孔子問答之言。爲經十八章。以明孝道。學者四書既熟之後。宜先讀孝經。以知爲子之禮。然後循序而讀六經。

詩書易　禮春秋

號六經　當講求

〇三六

此言六經之目。易。書。詩。春秋。周禮。禮記。是名六經。學者所當講習而研求者也。當時周禮列于六經。今則去周禮爲五經矣。○研音礹。有磋磨之意。

有連山 有歸藏
有周易 三易詳

易之書有三。一曰連山。伏羲之易。以艮爲首。山之象也。二曰歸藏。炎帝之易。以坤爲首。地之象也。三曰周易。文王之易。以乾爲首。天之象也。連山歸藏二易。學者鮮通其

十九

○三七

義。今所行者周易。六十四卦之象。始于伏羲。卦辭彖辭。文王所著。卦之爻辭。周公所著。卦象爻象。文言。上下繫辭。則孔子之所著。經四聖人而後成全易也。註易之儒。多不可紀。今惟用程子易傳。朱子本義。秦焚詩書。惟易爲卜筮之書。得以不毀。

有典謨 有訓誥
有誓命 書之奧

書經者。虞夏商周。四代之書也。典謨訓誥誓命。皆書之篇名。典者。常也。典常而不可

○三八

易。爲帝王受命之書。如堯典舜典是也。謨者。謀也。大臣匡贊謀猷。以襄聖治。如大禹益稷之謨是也。訓者。誨也。大臣訓迪其君以匡不逮。如伊訓是也。誥者。名也。王者渙發號令。詔誥天下。以布維新之政。如仲虺之誥。大誥。康誥。名誥。酒誥是也。誓者。信也。人君恭行天討。命將誓師。信賞必罰之辭。如甘誓。湯誓。泰誓。費誓。秦誓是也。命者。令也。人君申布命令于大臣。如說命。微子之命。顧命。蔡仲之命。文侯之命是也。昔孔子刪書。斷自唐虞。凡百篇。至秦焚詩書。漢文帝時。濟南有伏生名勝者。年九十。口授鼂錯二十八篇。以其上古之書。故謂之尚書。又河內女子獻泰誓一篇。武帝時。魯恭王壞孔子舊宅。於壁中得其所藏古文虞夏商周之書。孔安國考論增多伏生二十五

二十

○三九

篇。朱子門人蔡沈。爲之集註。

我周公 作周禮
著六官 存治體

周禮。周公所作。公姓姬氏。文王子。武王弟也。周禮一書。爲周家一代設官分職之制。有天官冢宰。地官司徒。春官宗伯。夏官司馬。秋官司寇。冬官司空。故謂六官。猶六卿也。天子垂拱于上。六官分職于下。紀綱周布。制度分列。事無不治。政無不理。而天下

○四〇

平矣。秦毀詩書。不用周禮。至漢求書始出。而亡其冬官。漢儒以考工記補之。宋代用以取士。今不用。

大小戴 註禮記
述聖言 禮樂備

禮記一書。不稱經者。五經皆聖人親製。此則後儒纂述先聖之言。以成書。故稱記而不稱經也。大戴。漢儒戴德。小戴。則德兄子戴聖也。戴德集古禮樂諸書。一百八十篇。刪定爲八十五篇。今名大戴禮記。小戴更

廿一

○四一

爲裁定成書。四十九篇。大學中庸亦附于篇之數。元儒陳澔。註爲禮記集說。大戴禮今不行。惟小戴禮記。列于五經。

曰國風 曰雅頌
號四詩 當諷詠

詩經之體有四。一曰國風。民俗歌謠之詩。諸侯采之以貢於天子。天子受之而列于樂官。於以考其風俗之美惡。而知其政治之得失焉。二曰小雅。諸侯卿大夫。朝見天子。及列國之君。迎勞王臣使客之作。三曰

○四二

大雅。天子宴享諸侯卿士。及王朝公卿。會宴陳述之作。謂之雅者。其體端嚴典雅。以別於風也。四曰頌。天子享祀郊廟。頌美先王先公之樂章。魯頌商頌附焉。通爲四詩學者所當諷誦而詠歎之也。秦火之後。漢儒毛萇。考定成書。或謂之毛詩。朱子集註

詩既亡 春秋作

寓褒貶 別善惡

孟子曰。王者之迹熄而詩亡。詩亡。然後春秋作。王者之迹。文武之道也。如文之謨。武

〇四三

之烈。成康之盛世。周召之宏勳。以及豳風肇業。宣王中興。皆見於四詩之篇。是王者之迹。因詩以存也。自東遷以來。樂師不陳詩而風亡。諸侯不覲天子而小雅亡。天子不享諸侯而大雅亡。諸侯不助祭而頌亡。詩既亡。而王者之迹熄矣。故孔子生於東周之末。傷王政之不行。諸侯專恣。於是自衛反魯。作春秋。以正王化。春秋者。魯史之舊名也。四時皆備。舉春秋以爲名者。取春生秋殺之義。寓王者之大權也。周衰于東遷。春秋起魯隱公元年。當平王之末。東周之始王也。歷隱。桓。莊。閔。僖。文。宣。成。襄。昭。定哀。至獲麟而絕筆。傷非時而麟見。悲王道之不復也。凡紀二百四十二年之事。一字之褒。榮於華衮。一字之貶。肅於斧鉞。孟子曰。孔子成春秋而亂臣賊子懼。謂其賞罰

〇四四

章而善惡明。亂臣賊子。無所逃罪於天地之間也。

三傳者 有公羊

有左氏 有穀梁

傳者。所以釋春秋之義也。傳春秋者不一。而三傳最著。一曰左氏傳。左邱明。魯之賢人也。其傳春秋。用編年紀事之體。而詳著於每年之後。凡天子諸侯之事。兵革禮幣之交。興衰存滅之故。賢奸淑慝之分。非左氏則不詳也。二曰公羊傳。公羊高。魯人也。

〇四五

三曰穀梁傳。穀梁赤。子夏弟子也。二傳各有短長同異。皆論斷春秋之大義。表章善惡之微辭也。左傳有晉杜預註。公羊有漢何休註。穀梁有晉范甯註。春秋言簡意深。非傳不明。故并存之。列於十三經之數。今者考時紀事。則折衷於三傳。斷制取法。則用宋儒胡安國傳。

經既明 方讀子

撮其要 記其事

四書六經。皆經也。固不可不熟讀而考其

〇四六

義理之精微矣。若經學既明。又不可不旁採諸子而讀之。但諸子之書。醇疵互見。必當撮取其簡要之言。以裨正學。記憶其事跡之實。以備參考。則所學日進於淹博。而不至流於邪僻矣。

五子者 有荀揚

文中子 及老莊

子書百家。浩繁不可勝紀。就其最善者而讀之。則有五子。曰老子。姓李。名耳。字伯陽。亳邑人。東周時爲柱下史。作道德經五千

〇四七

言。莊子。名周。字子休。楚蒙城人。爲漆園令。作南華經。荀子。名卿。楚蘭陵人。作荀子上下二篇。揚子。名雄。漢成都人。作太元經。法言二書。文中子。姓王。名通。字仲淹。隋龍門人。作元經。中說。二書。謚文中子。五子大義。老子不矜名。不炫德。以清靜無爲爲尚。莊子寓言駭世。以離羣絕俗爲高。荀子言性命之學。擇焉而不精。揚子擬易立言。大醇而小疵。文中子擬論語。而人非其倫。元[illegible]者但取文取義。而不泥於辭可也。

經子通 讀諸史

〇四八

考世系　知終始

六經諸子既通。然後諸史可讀也。史書紀一代治亂興亡之事。君之聖狂。臣之賢奸。世系之傳授。始終之歲年。可得而考也。史書之體有二。曰通史。曰國史。國史紀一朝之事。如漢書晉書之類。通史紀古今之事。如通鑑綱目之類。國史。君有本紀。臣有列傳。政事有志有表。通鑑則編年敘事而已。其事則本於國史也。

自羲農　至黃帝

〇四九

號三皇　居上世

洪荒之始。混沌之初。伏羲以前。雖有君長不可得而詳也。故司馬遷作史記。以伏羲為始。太昊伏羲氏。始制文字。首畫八卦。為萬世文明之祖。炎帝神農氏。始為耒耜。樹藝五穀。立生民養育之源。黃帝有熊氏。制衣裳。定禮儀。文明大備。品物咸亨。作萬國具瞻之表。後世首崇祀典。以羲農黃帝為三皇。史記列於前編。為千古帝王之冠。

唐有虞　號二帝

〇五〇

相揖遜　稱盛世

黃帝之子。少昊金天氏。在位八十四年。黃帝之孫。顓頊高陽氏。在位七十五年。金天之孫。帝嚳高辛氏。在位七十年。並堯舜為五帝。作者但言堯舜者。以其功德最高也。帝堯陶唐氏。高辛少子。兄帝摯無道。諸侯廢之。而立堯。自唐侯而為天子。其始封于陶。故號陶唐氏。堯之為君也。其仁如天。其智如神。巍巍蕩蕩。民無能名。在位七十二年。有子弗肖。求賢而禪於虞。是為帝舜有虞氏。舜。黃帝之裔孫。父頑母嚚。克諧以孝。耕稼陶漁。日彰其德。四岳薦之於堯。妻以二女。俾總百揆。後遜以位。舉用九官十二

〇五一

牧八元八愷之賢。誅四凶之不肖。使禹治水成功。在位六十一年。而禪於禹。唐虞之際。世樂雍熙。揖遜而有天下。可謂盛矣。蓋自黃帝以來。始有年甲可紀。自黃帝至舜。凡六世。四百八十年。〇顓頊音專旭。嚳音銀。揆音葵

夏有禹　商有湯

周文武　稱三王

二帝之盛。為君道立極。繼其盛者。則有三王。夏后氏之君。首稱禹王。禹者受禪成功

〇五二

之謂。繼夏者商。則有湯王。湯者除殘去虐之謂。繼商者周。則有文武二王。文者武之父。經天緯地曰文。武者文之子。伐暴救民曰武。是皆三代受命之始祖。故曰三王。堯舜禹湯文武。二帝三王。所謂繼天立極。為萬世之君師者也。

夏傳子　家天下

四百載　遷夏社

前通論三王。此則各言其終始。三皇五帝。以天下為公。傳賢而授位。謂之官天下。若

〇五三

夫家天下。則自夏后氏始。禹姓姒氏。顓頊之後也。平治洪水。聖德神功。及民悠久。復生賢子曰啟。賢能誠敬。繼禹之道。禹崩之日。讓位於其臣伯益。天下之民。不從益而從啟。曰吾君之子也。自禹之傳子。後世以天下為家。故曰家天下。夏歷十七世。至桀耽酒嗜色。無道虐民。而國以亡。凡四百五十八年。

湯伐夏　國號商

六百載　至紂亡

〇五四

繼夏爲君者商也。湯。姓子氏。名履。高辛之子。契之後也。世封於商。伐桀而有天下。傳祚二十八世。六百四十四年。至紂無道而失其國。

周武王　始誅紂

紂爲商王帝乙之子。言足拒諫。智足飾非。寵嬖妲己。炮烙庭臣。刳剔孕婦。以觀男女。斫人脛骨。驗髓盈枯。剖叔父比干之心。西伯周武王。興師伐紂。而遷殷社焉。

八百載　最長久

〇五五

周自文武開基。都於酆鎬。成康繼世。天下咸寧。傳昭王穆王。以及共懿孝夷厲。凡十二世。而厲王以無道失國。宣王中興。至幽王復無道。而見殺於西戎。其子平王。東遷于洛。是爲東周。傳桓莊僖惠襄頃匡定簡靈景悼敬元貞定哀思考威烈安烈顯愼靚至赧王而周亡。凡東西周共三十八世。八百七十四年。有國之最長者也。

周轍東　王綱墜

逞干戈　尚遊說

〇五六

周自東遷。諸侯强大。王令不行。列國日尋干戈。互爲侵伐。游說之士。逞口舌爲縱橫之言。以興戰鬬而已。

始春秋　終戰國

五霸强　七雄出

平王東遷之始。則爲春秋。孔子絕筆之後。則爲戰國。春秋諸侯。有齊桓公。晋文公。宋襄公。秦繆公。楚莊王。迭爲雄長。盟會諸侯。謂之五霸。至於威烈以後。諸侯强橫。僭恣稱王。憑陵小國。吞食殆盡。而七雄出焉。七

〇五七

雄者。秦楚齊燕韓趙魏也。各逞兵戈。互相吞并。當五霸時。雖云詐力。猶假仁義。尊王戎夷。有[illegible]之功。及乎七雄自[illegible]周室衰微。下同小國。周祚雖長。猶一線之僅延而已。

嬴秦氏　始兼并

嬴秦國之姓也。秦伯益之後非子。起自西戎。事周孝王。牧馬蕃庶。封國於秦。至襄公而國日富。繆公而國日强。惠文稱王。蠶食

傳二世　楚漢爭

〇五八

列國。昭襄益大。吞并諸侯。赧王獻土而周室亡。傳孝文莊襄。滅東周君而姬祚盡。迨及始皇帝。爲莊襄子。其母先有娠而生始皇。實呂氏之子。冒繼秦祚。而嬴氏亡矣。始皇席强大之業。翦六國而成一統。威武强暴。以臨天下。銷兵革。築長城。焚詩書。尚律令。除謚號。自稱始皇。欲傳國於萬世。在位三十七年。東巡狩而崩於沙邱。宦者趙高矯詔殺太子扶蘇。而立少子胡亥。是爲二世。酷暴厚斂。斬絕宗枝。大興土木。戶口逃亡。天下大亂。楚人陳勝起兵不成而敗。繼之者項梁項羽。立楚後。以伐秦。漢高祖劉季。爲泗上亭長。因民之亂。合楚興兵。入關滅秦。二世已爲趙高所弒。三世子嬰。素車白馬而降。秦有天下。才三世。四十三年而亡。項羽封高祖爲漢王。國於西蜀。恐其東

〇五九

歸。立雍塞翟三王。以阻之。未幾。漢王出定三秦。與楚戰于成臯。凡七十餘戰。互有勝負。終會兵于垓下。以破楚。項王勢窮自到。而漢興矣。

高祖興　漢業建

至孝平　王莽篡

史記之書。始于三皇。終于漢武。班氏作前漢書。以紀西京十二帝。前漢高祖。姓劉氏。名邦。字季。沛人也。誅秦滅楚而有天下。都長安。傳惠文景武昭宣元成哀平孺子。凡

〇六〇

十二世。而王莽篡位。王莽者。孝元王皇后之兄子也。以謙恭竊名。而致宰相。鴆殺平帝。假立孺子。復廢之而自立。凡十八年。炎漢復興而誅莽。

光武興　爲東漢

四百年　終於獻

後漢光武皇帝。名秀。景帝七世孫。以布衣起兵。誅王莽。滅羣盜。而復興漢室。都洛陽。是爲東漢。傳明章和殤安順沖質桓靈獻。凡十二世。而禪于魏。兩漢共歷二十四世。

〇六一

四百二十五年。

魏蜀吴　爭漢鼎

號三國　迄兩晉

兩漢書後有三國志。三國者何。魏蜀吴是也。魏國曹氏。名操。譙人也。當董卓之亂。天子蒙塵。操迎駕都許。挾天子。令諸侯。削平僭亂。威德日盛。子丕繼立。受漢禪位而有天下。國號曰魏。傳子叡。孫芳。髦。以及姪璜而禪於晉。凡五世。四十六年。蜀劉氏。名備。景帝之後。起兵討賊。據有荆蜀。漢亡稱帝。

〇六二

傳子禪。二世四十三年。〇吴孫權。父堅。兄策。積累世之業。跨有江表。傳子亮。休。孫晧。四世五十九年而滅于晉。〇三國之祚。皆歸于晉。晉司馬氏。名炎。祖懿。伯師。父昭。四世執魏政。受禪而有天下。都於洛陽。是爲武帝。傳子惠帝。懷帝。孫愍帝。懷愍俱見殺於前趙。而西晉亡。凡四世五十三年。〇東晉牛氏。司馬懿孫。瑯琊恭王妃夏侯氏通牛氏之子而生子睿。冒襲王爵。據有江表。值晉失國。遂稱帝于金陵。是爲東晉元帝。傳子明帝。孫成帝。康帝。曾孫穆帝。哀帝。帝奕。以及元帝少子簡文。孫孝武帝。曾孫安帝。恭帝。凡十一世百二年。右兩晉共十五世。一百五十四年。〇兩晉之間。前後僭僞于北方者。凡十八國。總計二趙。三秦。五燕。五涼。蜀。魏。夏。而拓拔之代魏不與焉。前趙

〇六三

劉淵。單于左賢王。惠帝時。據平陽。稱漢帝。傳子劉聰。陷長安。執晉二帝。傳子和。淵姪曜。曜子熙。凡五世二十六年。滅於後趙。〇後趙石勒。淵之將。元帝時。據襄國。傳子弘。弟虎。虎子世。遵。鑒。祇。七世二十三年。滅于冉閔。〇前燕慕容廆。鮮卑部長。子皝。懷帝時。據鄴稱王。歷皝子儁。稱帝。儁子暐。四世六十三年。滅於秦。〇後燕慕容垂。皝子。孝武時。叛秦稱帝。歷子寶。孫盛。寶弟熙。四世二十四年。滅于高雲。〇西燕慕容泓。儁子。據華陰。歷弟沖。沖姪顗。沖子瑶。泓子忠。泓弟永。六世十年。滅於後燕。〇南燕慕容德。垂弟。據滑臺。歷子超。二世十三年。滅于晉。〇北燕馮跋。慕容垂臣。據龍城。歷弟弘。二世二十八年。〇前秦苻洪。穆帝時。據長安。歷洪子健。孫生。健弟堅。堅子丕。登。登子崇。

〇六四

七世四十六年。滅於後秦。〇後秦姚萇。叛秦據長安。歷子興。孫泓。三世三十四年。滅于晉。〇西秦乞伏國仁。秦將。據金城。歷弟乾歸。孫熾磐。磐子暮末。四世四十七年。滅於夏。〇前涼張軌。晉臣。惠帝時。據平涼。傳子寔。孫茂。茂子駿。駿子重華。華子曜靈。華弟祚。曜靈弟元靚。祚弟天錫。九世七十八年。滅于秦。〇後涼呂光。秦將。據涼。傳子紹。纂。隆。四世十九年。滅于後秦。〇南涼禿髮烏孤。涼將。據樂都。歷弟利鹿孤。傉檀。三世十九年。滅於西秦。〇西涼李暠。北涼段業臣。據晉昌。傳子歆。恂。三世十九年。滅於北涼。〇北涼段業。後涼將。據張掖。稱王五年。其臣沮渠蒙遜弒之自立。傳子牧犍。兩姓三世。四十三年。滅於魏。〇蜀李特。惠帝時。據廣漢。傳子雄。稱成帝。歷姪班。期。期叔壽。

〇六五

改號漢。傳子勢。六世四十七年。滅於晉。〇魏冉閔。石虎養孫。殺虎子自立。三年。燕人誅之。〇夏赫連勃勃。劉淵之族。據統萬。傳子昌。定。三世二十五年。滅於土谷渾。〇北燕高雲。弒慕容熙而自立。三年。爲其下所殺。馮跋繼立。雲與冉閔弒逆不終。西燕六主。自相戕殺。三者不成國。餘十六國。俱附見晉書。〇廆音嵬。皝音晃。傉檀音辱壇。

宋齊繼　梁陳承

爲南朝　都金陵

〇六六

北元魏　分東西

此言南朝之史也。凡四朝。一曰宋。高祖劉裕。彭城人。受晉禪。傳子少帝。文帝。文子孝武。武子廢帝。武弟明帝。明子蒼梧。順帝。凡八世六十年。○二曰齊。蕭氏。太祖道成。蘭陵人。受宋禪。傳子武帝。孫二少帝。姪明帝。明子東昏。和帝。七世二十三年。○三曰梁。蕭氏。武帝蕭衍。齊之族。受齊禪。傳子簡文。元帝。元子敬帝。四世五十六年。○四曰陳。陳氏。武帝霸先。長興人。受梁禪。傳兄子文帝。文子廢帝。文弟宣帝。宣子后主。五世三十三年。以上四朝。俱都金陵。南史之外各有國史。四朝連吳與東晉。又號六朝。

○六七

宇文周　與高齊

北史三朝。一曰魏。姓拓拔氏。起於朔漠。始聖武帝詰汾。神元帝力微。世爲君長。臣服中國。至拓拔猗盧。入討內叛。始有中國。自稱代王。傳弟子鬱律。律子什翼犍。犍子珪。以孝武時稱魏帝。都平陽。是爲道武帝。子明元。元子大武。武孫高宗。高子獻文。獻子孝文。始改姓爲元氏。傳子宣武。武子孝明。孝文孫孝莊。節閔。孝武。孝武爲其相高歡所逼。奔於長安。是爲西魏。傳從弟文帝。文子廢帝。恭帝。而禪於周。○東魏靜帝善見。孝文之孫。高歡所立。都於鄴。分魏爲二。立十二年。而禪於齊。自道武至恭帝。凡十六

○六八

迨至隋　一土宇　不再傳　失統緒

主。百七十年。恭帝上至聖武。三百三十餘年。○二曰齊。高氏。始高歡。立靜帝。世執其政。至子洋。而受禪。是爲齊文宣帝。傳子廢帝。弟孝昭。武成。成子後主。五世二十八年。滅於周。○三曰周。宇文氏。宇文泰。擁魏孝武帝於長安。世執其政。其子孝閔帝覺。受魏禪。改號周。傳弟孝明。孝武。武子孝宣。宣子孝靜。五世二十五年。禪於隋。

○六九

四曰隋。楊氏。高祖楊堅。相周受禪。國號曰隋。南平陳國。而一天下。傳子煬帝。荒淫無度。天下大亂。不再傳而李氏立恭帝。隋亡矣。右隋三世三十八年。以上四朝。謂之北史。魏齊周隋亦各有史書。

唐高祖　起義師　除隋亂　創國基

繼隋者唐也。是爲唐書。唐高祖姓李氏。名淵。隴西人。仕隋爲太原守。威望素著。隋帝忌之。帝東巡不反。關中大亂。詔高祖盡討

○七〇

羣賊。高祖懼。乃因子太宗之計。倡義起兵。入關立煬帝孫恭帝。號名天下。未幾遂創業而移隋祚矣。

二十傳　三百載　梁滅之　國乃改

唐有天下。高祖開基。皆由其子太宗戡定禍亂。削平僭僞之功也。太宗子高宗。高子中宗。爲母武氏所廢。武氏稱制二十年。然後復位。中弟睿宗。睿子明皇。寵楊妃而亂國。安祿山犯京師。帝遷西蜀。幾亡天下。明

○七一

子肅宗。肅子代宗。代子德宗。德子順宗。順子憲宗。憲子穆宗。穆子敬宗。文宗。武宗。穆弟宣宗。宣子懿宗。懿子僖宗。昭宗。昭子昭宣。凡傳國二十世。歷年二百八十九。而滅於梁。唐之國祚。遂改移爲梁矣。

梁唐晉　及漢周　稱五代　皆有由

繼唐者。梁唐晉漢周。是爲五代。史官作五代史。共爲一書。一曰梁。太祖朱溫。始爲賊將。歸唐爲節鎮。遂篡唐。都於汴。貪淫無道

○七二

爲子友珪所弒。三子友貞殺珪自立。凡二世十七年。滅於後唐。○二曰後唐。莊宗李存勗。本姓朱邪。沙陀人。先世有功於唐。賜姓李氏。封晉王。朱氏篡唐。與晉世仇。滅後梁而有天下。好遊戲而失國。义之養子嗣源代位。是爲明宗。傳子愍帝。養子王從珂又奪其位。凡四世十五年。而滅於晉。○三曰後晉。高祖石敬瑭。明宗之壻。借遼兵而滅唐。傳子齊王。爲契丹所滅。凡二世十年。○四曰後漢。高祖劉知遠。逐遼而代晉。傳子隱帝。殺戮大臣。兵變而亡。二世凡四年。○五曰後周。太祖郭威。仕漢鎮鄴。兵變纂漢而代之。傳養子世宗柴榮。威定南北。傳子恭帝。禪于宋。凡三世十年。右五代共十三主五十三年。附十國紀年。五代三世。各據一方。吴王楊行密。南唐李昪。蜀王建。後

〇七三

蜀孟知祥。閩王審知。楚馬殷。吴越錢鏐。南漢劉隱。北漢劉崇。荊南高季興。凡十僭國至宋初。南北漢唐蜀荊南吴越皆入於宋。惟契丹與宋并立。

炎宋興　受周禪

十八傳　南北混

繼五代者宋也。宋以火德王。故稱炎宋。太祖趙氏。名匡允。受周禪而都於汴。傳弟太宗。太宗子真宗。真子仁宗。太宗曾孫英宗英子神宗。神子哲宗。徽宗。徽子欽宗。凡九

〇七四

帝。金人克汴。徽欽父子皆降於金。○南宋高宗。徽宗子。都杭州。無子。傳太祖八世孫孝宗。孝子光宗。孫寧宗。無子。傳太祖十一世孫理宗。理子度宗。度子恭帝。端宗。弟昺。凡九世而亡於元。兩宋十八世。三百二十年。○北方之國。前乎宋者有遼。太祖耶律氏。名阿保機。傳太宗。世宗。穆宗。景宗。聖宗興宗。道宗。天祚。滅於金。德宗自立。號西遼傳仁宗。末主。凡十二世。百七十餘年。滅于乃蠻。○後遼而王有金。姓完顏氏。太祖名旻。滅遼而都於燕。傳太宗。熙宗。廢帝。世宗章宗。衛王。宣宗。哀宗。末主。凡十世。一百二十年。滅於元。○元太祖姓奇渥溫氏。名鐵木真。興自蒙古。傳太宗。滅金。都於燕。太宗子定宗。太祖孫憲宗。憲弟世祖。滅宋而南北混一。傳孫成宗。成姪武宗。仁宗。仁子英

〇七五

宗。成姪泰定。武子明宗。文宗。明子寧宗。順帝。凡十四世。百六十五年。而滅於明。

十七史　全在茲

十七史。當時正史之數也。一曰史記。三皇五帝。三王。秦。楚。以至漢武帝之史。漢司馬遷著。二曰前漢書。漢班固著。三曰後漢書。劉宋范蔚宗著。四曰三國志。晉陳壽著。五曰晉書。唐太宗著。六曰宋書。梁沈約著。七曰齊書。梁蕭子顯著。八曰梁書。九曰陳書。俱唐姚思廉著。十曰北魏書。北齊魏收著。十一北齊書。唐李百藥著。十二北周書。唐令狐德棻著。十三隋書。唐魏徵著。十四宋齊梁陳南史。十五魏齊周隋北史。俱唐李

〇七六

延壽著。十六唐書。宋宋祁歐陽修著。十七五代史。歐陽修著。作者言十七史之大畧。全在于茲也。繼此又有宋史。遼史。金史。俱元脫脫歐陽元揭傒斯著。又有元史。乃明宋濂等著。共稱二十一史。

載治亂　知興衰

史者。經國之大典。所載者。朝廷治亂之由。國祚興衰之理。得其道則治。失其道則亂千古如一轍也。

讀史者　考實錄

〇七七

通古今　若親目

言凡讀史。須要細心考較。君臣紀傳之實錄。與稗官小說。眞僞不同。賢奸治亂。彰明較著。通達古今。如親眼所見。則微辭奧義。可得而明。彼短此長。可得而評也。

口而誦　心而惟

朝於斯　夕於斯

〇七八

此以下通言讀書之法。惟。思也。凡讀經史子集諸書。要心口相應。口誦而心不惟。則扞格而不入。心惟而口不誦。則神志不專。朝或於斯。而夕或不然。則所學有時而廢。所得有時而亾。非時習之道也。

昔仲尼　師項橐

古聖賢　尚勤學

此以下雜引古人。以勸勉小子之讀書勤學也。仲尼。孔子之字。孔子之母。禱於尼山而生孔子。故孔子字仲尼。項橐。魯之聖童

〇七九

也。七歲而爲孔子師。言聖人生知。尚且辛勤好學。師倣賢聖之童以自勵。況乎今之小子。可不勉歟。

趙中令　讀魯論

彼既仕　學且勤

此言既貴而好學也。宋趙普。相太祖太宗爲中書令。故曰中令。嘗曰吾以半部論語相太祖。以半部相今皇。凡世治民安。皆讀論語之功也。彼既仕。且貴爲宰相矣。而勤學好讀。尚且如此。況未仕之小生。可不勉

〇八〇

歟。

披蒲編　削竹簡

彼無書　且知勉

此言無書而好學也。漢以先。非世家無書。非鈔錄傳寫則無書。又無紙。非絹帛皮幣簡冊不能鈔錄。貧而無資者。不能得書。漢有路溫舒。牧羊於大澤。取蒲草編織成蓆。借尚書鈔錄而讀之。公孫弘年五十矣。爲人牧豕。於寒竹林中。乃以刀削去竹青。借取春秋鈔錄而讀之。二子由是名顯當時

〇八一

貴爲卿相。夫二子貧賤而好學如此。今之讀書者。易求易辦。輕便精良。如此而不好學。豈非自誤乎。

頭懸梁　錐刺股

彼不教　自勤苦

此言苦讀之勤也。晉有孫敬。讀書夜深。常恐眺倦。乃以頭髻懸於梁上。以妨困睡。蘇秦不遇而歸。爲骨肉所賤。乃勵志讀書。每值懶惰昏倦之時。將利錐刺其股以自警

〇八二

夫二子之刻苦自勵如此。固無父兄之教戒嚴課督之也。爾輩小生。享安居溫飽之樂。又有賢父兄以教率之。安得不思勉勵以自奮哉。

如囊螢　如映雪

家雖貧　學不輟

此言貧不廢學也。晉車允好學。家貧夜讀無油。乃取螢火囊之。而藉其光以照讀書。孫康寒夜讀書無油。乃出庭前映雪光而讀。夫二子不以貧而廢學。終成大名。況爾

〇八三

輩有父兄資給。可不勉歟。

如負薪　如挂角

身雖勞　猶苦卓

此言身勞而好學也。漢朱買臣。貧而採樵。不廢讀書。方砍柴時。置書於林下而讀。負薪而歸。懸書於擔頭。誦而步行。後仕武帝。爲會稽守。隋李密好學。乘牛而讀漢書。將餘本挂兩角之上。楊越公見而奇之。後襲爵爲蒲山公。二子身既勤勞。而猶勞苦堅卓如此。況爾輩飽食終日。無所事事者乎。

〇八四

蘇老泉 二十七
始發憤 讀書籍

此言年長而好學者也。老泉名洵。字明允。宋眉山人。蘇東坡之父也。老泉幼而失學。至二十七歲。始悟其非。發憤攻書。以成大名。兩子皆大儒。世號三蘇。

彼既老 猶悔遲

〇八五

爾小生 宜早思

二十七歲雖不為老。以人生八歲當入小學。十五當入大學計之。則已老矣。夫老泉年既長。有室家之累。又初不好學。而一旦悔向學之遲。發憤以成大名如此。至爾童小生。當未老之時。宜早思上進。黽勉以成功。莫待老而後悔之無及。又安能如老泉天資之高也乎。

若梁灝 八十二

〇八六

對大廷 魁多士

此言。好學之心。至老而彌篤也。大廷。天子之廷。魁多士。狀元也。宋之梁灝。苦學一生未遇。及乎年八十有二矣。尚能奮發有為。對策大廷。而為多士之首。

彼既成 衆稱異
爾小生 宜立志

〇八七

彼。指梁灝也。言灝年高而才雄力健。又能成此大名。真古今之獨異者也。爾輩讀書。宜以此為法。不以未遇而自棄。不以不遇而自廢。一心向學。至老而不倦。以灝自期。無怠其志可也。

瑩八歲 能咏詩

此言幼而早成也。北齊祖瑩。年八歲。即能咏詩成章。後為著作郎。

泌七歲 能賦碁

唐李泌。年始七歲。姑子員半千九歲舉神

〇八八

童。明皇問曰。外庭尚有如卿者乎。對曰。舅子李泌七歲。才勝於臣。帝令入見。時帝方與張說奕棋。帝問曰。小子能賦乎。對曰。能。帝命賦方圓動靜。泌請問其旨。張說曰。方若棋盤。圓若棋子。動若棋生。靜若棋死。泌對曰。方若行義。圓若運智。動若騁材。靜若得意。帝大奇之。賜以緋衣。後歷相位。為社稷臣。

彼穎悟 人稱奇
爾幼學 當效之

〇八九

言祖李二人。童年穎悟。才能動主。早取卿相。人稱奇異如此。爾幼學之人。當以為法而效之可也。

蔡文姬 能辨琴
謝道韞 能咏吟

言古不獨男子好學。雖女子。亦有聰明才智過人者。蔡伯喈女。名琰。字文姬。父方操琴。遇猫捕鼠。文姬知其琴聲帶殺。董卓擅政。邕有憂時之心。方操琴。而文姬傷其父琴聲焦殺。危難將至。父因卓之誅。得罪而

〇九〇

漢蔡文姬。没於胡地。文姬作胡笳十八拍之曲。流入中國。幽然哀傷。曹孟德聞之。以千金贖回。而配士人董玘。謝道韞。晉宰相謝安之兄女。幼能咏詩。庭中大雪。安問諸子姪云。大雪紛紛何所似。姪㳂對曰。撒鹽空中差可擬。道韞對曰。未若柳絮因風起。安大奇之。後嫁王右軍子凝之。夫死。以節著。

彼女子　且聰敏

爾男子　當自警

〇九一

言文姬道韞。不過女子耳。且能聰明敏捷。審音如此其精明。應對如此其穎異。況爾輩皆男子也。豈可不如女子。而自頹其志乎。當以此自警而自惕可也。

唐劉晏　方七歲

舉神童　作正字

此又引神童之事。以明穎悟之才。唐有劉晏。年方七歲。值明皇幸華清宮。晏攔駕上書。帝大奇之。謂之神童。授翰林正字。一日詔見。楊妃愛之。命坐於膝上。親為綰髻。帝

〇九二

問之曰。卿為正字。正得幾字。晏俯伏對曰。諸字皆正。惟有朋字不正。蓋朋字似兩月字而體不正。且以諷當時讒臣用事。寵倖多門。朋比而為奸也。明皇大異之。後歷仕明肅代德。官至户部尚書平章事。晏不惟聰穎。而崇正黜邪之心。已見於此矣。〇綰音挽。髻音計。黜音出

彼雖幼　身已仕

爾幼學　勉而致

〇九三

言晏雖七歲幼童。然已身入仕林矣。爾等幼學。當勉力以效之可矣。

有為者　亦若是

人但不能奮發有為耳。彼劉晏亦人也。效之何難。

犬守夜　雞司晨

苟不學　曷為人

〇九四

爾曷不下觀於物類以自警乎。犬與雞皆畜也。犬則有守夜之能。使人不敢犯。雞則有司晨報曉之能。使人知早起。夫雞犬之微。尚有可取之處。況人為萬物之靈。豈可晏然自安乎。自古大聖大賢。皆由學而後成。人苟不學。則終歸下流。反不及雞犬之可取。則亦何以為人哉。

蠶吐絲　蜂釀蜜

人不學　不如物

〇九五

又不觀之於蜂與蠶乎。彼蠶蜂至微之物也。無求於人。為人所畜。蠶則有吐絲結繭以成幣帛之功。蜂則有採花釀蜜以資服食之用。為物也小。成功也大。汝等堂堂男子。倘如不學而荒其業。是昆蟲之不如也。

幼而學　壯而行

人之生也。非徒事於誦讀而已。幼而學聖賢之言。將以壯而行聖賢之行也。若徒學而不行其行。又何取於學也。

上致君　下澤民

〇九六

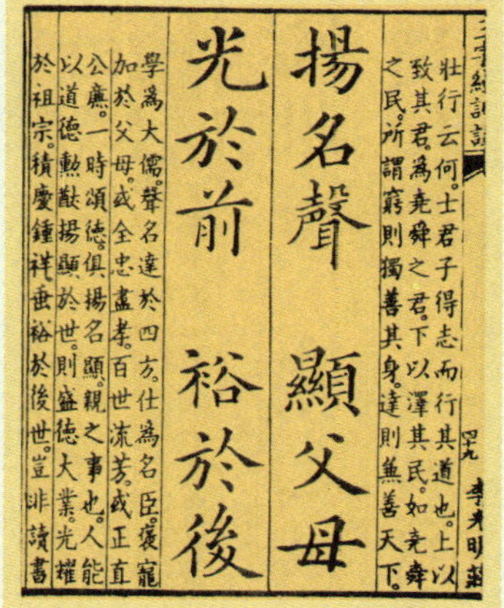
三字經訓詁

壯行云何。士君子得志而行其道也。上以致其君。爲堯舜之君。下以澤其民。如堯舜之民。所謂窮則獨善其身。達則兼善天下。

揚名聲 顯父母

光於前 裕於後

學爲大儒。聲名達於四方。仕爲名臣。褒寵加於父母。或全忠盡孝。百世流芳。或正直公廉。一時頌德。俱揚名顯親之事也。人能以道德勳猷揚顯於世。則盛德大業。光耀於祖宗。積慶鍾祥。垂裕於後世。豈非讀書

四十九 李光明莊

〇九七

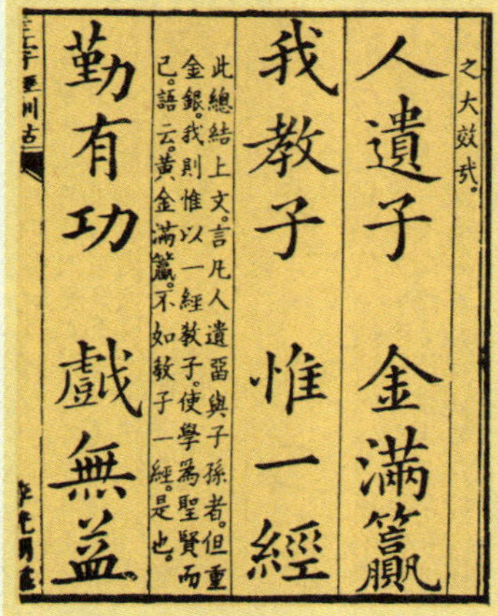
之大效哉。

人遺子 金滿籯

我教子 惟一經

此總結上文。言凡人遺留與子孫者。但重金銀。我則惟以一經教子。使學爲聖賢而已。語云。黄金滿籯。不如教子一經。是也。

勤有功 戲無益

三字經訓詁 李光明莊

〇九八

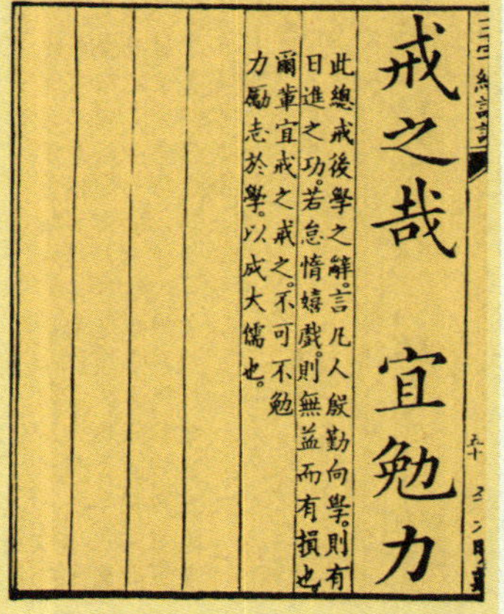
三字經訓詁

戒之哉 宜勉力

此總戒後學之辭。言凡人能勤向學。則有日進之功。若怠惰嬉戲。則無益而有損也。爾輩宜戒之戒之。不可不勉力勵志於學。以成大儒也。

五十 李光明莊

〇九九

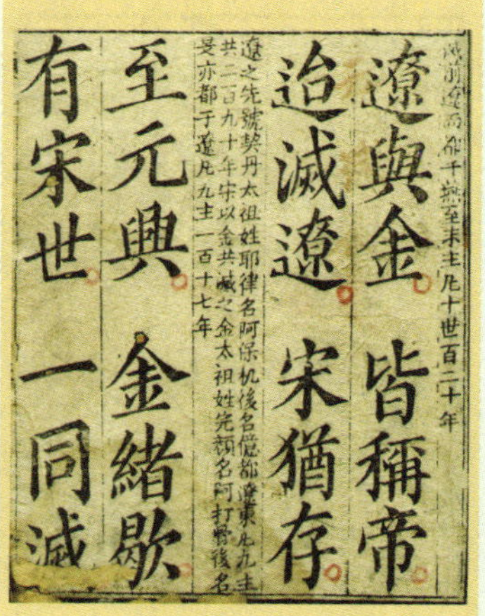
[illegible]遼西都于燕至末主凡十世百二十年

遼與金 皆稱帝

迨滅遼 宋猶存

遼之先號契丹太祖姓耶律名阿保机後名億都遼東凡九主共二百九十年宋以金共滅之金太祖姓完顔名阿打骨後名旻亦都于遼凡九主一百十七年

至元興 金緒歇

有宋世 一同滅

补一

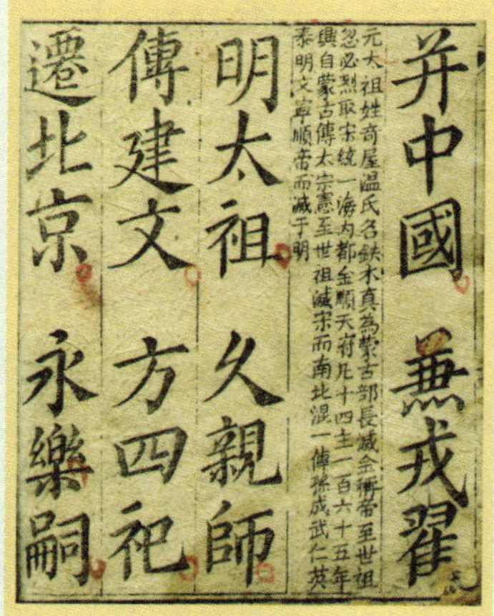
并中國 兼戎翟

元太祖姓奇屋温氏名鉄木真爲蒙古部長滅金稱帝至世祖忽必烈取宋統一海内都金順天府凡十四主一百六十五年興自蒙古傳太宗憲至世祖滅宋而南北混一傳孫成武仁英泰明文寧順帝而滅于明

明太祖 久親師

傳建文 方四祀

遷北京 永樂嗣

补二

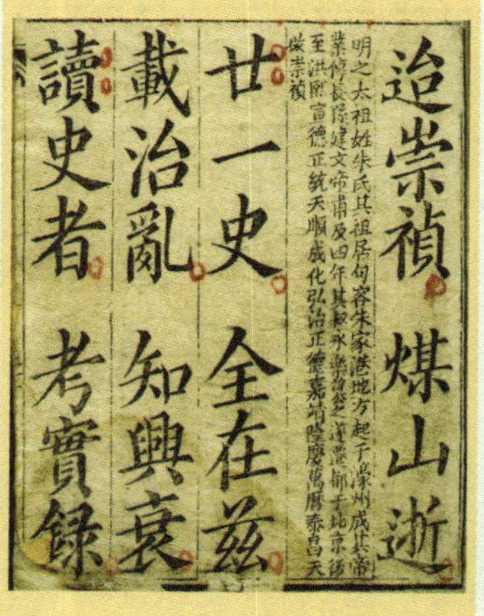
迨崇禎 煤山逝

明之太祖姓朱氏其祖居句容朱家巷地方起于濠州成其帝業傳長孫建文帝甫及四年其叔永樂殺之遂遷都于北京後至洪熙宣德正統天順成化弘治正德嘉靖隆慶萬曆泰昌天啓崇禎

廿一史 全在兹

載治亂 知興衰

讀史者 考實録

补三

国学经典规范读本（已出版）

周易

山海经

孙子兵法

三字经

弟子规

千字文

增广贤文

笠翁对韵

幼学琼林

论语

http://www.cp.com.cn

ISBN 978-7-100-11084-6

定价:35.00元